事业单位工作人员应知应会丛书

事业单位工作人员基本法律知识与人事政策

人力资源和社会保障部事业单位人事服务中心 ◎ 组织编写

主编 ◎ 沈建峰　　副主编 ◎ 郭　辉　李海明

中国人事出版社

图书在版编目(CIP)数据

事业单位工作人员基本法律知识与人事政策 / 人力资源和社会保障部事业单位人事服务中心组织编写. -- 北京：中国人事出版社，2025. -- (事业单位工作人员应知应会丛书). -- ISBN 978-7-5129-2098-9

I. D920.4；D630.3

中国国家版本馆 CIP 数据核字第 20256573WN 号

中国人事出版社出版发行

(北京市惠新东街 1 号　邮政编码：100029)

*

河北品睿印刷有限公司印刷装订　　新华书店经销

787 毫米 ×1092 毫米　16 开本　12.5 印张　203 千字

2025 年 4 月第 1 版　　2025 年 8 月第 2 次印刷

定价：38.00 元

营销中心电话：400-606-6496

出版社网址：https://www.class.com.cn

版权专有　　侵权必究

如有印装差错，请与本社联系调换：(010) 81211666

我社将与版权执法机关配合，大力打击盗印、销售和使用盗版图书活动，敬请广大读者协助举报，经查实将给予举报者奖励。

举报电话：(010) 64954652

序

功以才成，业由才广。人才是全面建设社会主义现代化国家的基础性、战略性支撑，是实现国家富强、民族复兴、人民幸福的第一资源。党的二十大报告指出，要深入实施人才强国战略，培养造就大批德才兼备的高素质人才，建设规模宏大、结构合理、素质优良的人才队伍，加快建设人才强国。

事业单位工作人员规模宏大、分布广泛、智力密集，是我国人才队伍的重要组成部分，是国家治理体系和治理能力现代化的重要基础。事业单位人才队伍的整体素质和工作能力事关党和国家中心工作，事关第二个百年奋斗目标，事关中华民族伟大复兴。

善于学习，就是善于进步。事业单位工作人员培训是建设高素质事业单位人才队伍的先导性、基础性、战略性工程，在实现公共服务高质量发展、全面推进我国经济社会高质量发展进程中具有不可替代的重要地位和作用。事业单位工作人员培训必须坚持把深入学习贯彻习近平新时代中国特色社会主义思想作为培训的主题主线，以提高政治能力为根本，以增强推进中国式现代化建设本领为重点，全面提高公共服务本领。

人力资源和社会保障部事业单位人事服务中心（简称事业中心）是服务于广大事业单位和事业单位工作人员的专门机构，承担了开展事业单位工作人员培训相关规划研究、标准制定、资源建设和组织示范培训的工作职能，开发相关培训图书是事业中心的重要职责之一。

为贯彻落实《全国干部教育培训规划（2023—2027年）》关于推进培训教材建设的新要求，帮助事业单位工作人员更好掌握工作中应知应会的基本知识和技能，更好适应职业角色，胜任工作岗位，事业中心依托自身职能和专家优势，自2024年起,将陆续分板块、分专题组织编写事业单位工作人员应知应会丛书,供广大事业单位工作人员,特别是新聘用工作人员学习参考。

丛书的编写坚持不懈用习近平新时代中国特色社会主义思想凝心铸魂,旗帜鲜明讲政治,努力贴近事业单位工作和工作人员的自身特点和学习需求,力求填补国内相关领域图书空白。在内容编写方面,坚持权威和专业,确保体系完整,政策精准,管用实用;在语言表述方面,坚持通俗易懂,注重操作性;在呈现形式和结构编排方面,采取问答式设计,章节编排层次清晰,案例范例贯穿其间,直观简明,便于检索,方便运用。

丛书是一套难得的帮助事业单位工作人员快速高效掌握工作中应知应会知识和技能的培训图书,欢迎广大事业单位工作人员在学习使用中提出宝贵意见。

人力资源和社会保障部事业单位人事服务中心
2025年1月

前　言

法治兴则国兴，法治强则国强。法治是中国式现代化的重要保障。习近平总书记强调："领导干部要把对法治的尊崇、对法律的敬畏转化成思维方式和行为方式，做到在法治之下、而不是法治之外、更不是法治之上想问题、作决策、办事情。"

事业单位工作人员要坚持不懈用习近平新时代中国特色社会主义思想武装头脑、指导实践、推动工作，深入学习贯彻习近平法治思想，不断强化依法治国、依法执政观念，自觉提高运用法治思维发现问题、思考问题，以及运用法治方式解决问题、推动工作的能力。

《全国干部教育培训规划（2023—2027年）》提出，干部要不断提高战略思维、历史思维、辩证思维、系统思维、创新思维、法治思维、底线思维能力，明确将法治思维纳入干部应提高的能力之中。《事业单位工作人员培训规定》明确要求，公共科目培训内容包括应当普遍掌握的法律法规和政策知识。

为帮助广大事业单位工作人员强化法治思维，更好掌握事业单位工作中应知应会的法律知识和人事政策，事业中心以前期相关培训工作调研与实践成果为指导，在广泛征集中央和地方事业单位工作需求和建议的基础上，精心组织编写了《事业单位工作人员基本法律知识与人事政策》一书。全书主要分为两个部分，第一部分为第一至第三章，总体介绍了法治的基本内涵和作用、全面依法治国和中国特色社会主义法律体系等相关基础知识；第二部分为第四至第十章，系统翔实介绍了工作中应知应会的人事政策，重点是公开招聘与人员聘用，岗位管理与职称评审，考核、培训与继续教育，奖励与处分，工资福利与社会保险，人事争议处理与回避等6类14个方面政策知识。本书内容坚持系统性和全面性，突出实用性和操作性，采用分专题、分模块设计，以问答式呈现知识要点，政策依据权威，表述规范简明，有很强的可读性。

　　本书由事业中心邀请相关法律和政策研究专家共同编写。编写过程中，事业中心领导高度重视，审定提纲和指导编写，培训规划服务处具体组织实施。为了确保书稿观点权威、准确，我们参阅了多方文献，吸收了相关专家学者的研究成果和指导意见，在此一并表示感谢！

　　希望本书的出版，能够帮助事业单位工作人员准确把握法治的内在要求和精神实质，提升法治思维能力，更好运用所学的法律知识和人事政策指导工作，履职尽责。期待本书能成为广大事业单位工作人员常学常悟常用的又一本案头工具书。

人力资源和社会保障部事业单位人事服务中心
2025 年 1 月

目 录

- **第一章　法治的基本内涵和作用　/ 1**

  第一节　习近平法治思想的重大意义和法治的作用　/ 1

  一、习近平法治思想是如何形成的？　/ 1

  二、习近平法治思想的核心要义是什么？　/ 2

  三、如何理解习近平法治思想的重大意义？　/ 3

  四、如何理解法治的保障作用？　/ 5

  五、法治建设为什么要坚持以人民为中心？　/ 6

  六、法治对社会主义市场经济发展有什么作用？　/ 7

  七、为什么说法治是公平正义的"生命线"？　/ 8

  八、如何理解法治中国与国家治理现代化的关系？　/ 9

  九、党的二十大报告对法治建设提出了哪些新论断、新要求？　/ 10

  第二节　法治的基本内涵　/ 11

  一、如何理解法治的基本内涵？　/ 11

  二、人治与法治的不同体现在哪些方面？　/ 13

  三、法治与法制有什么区别和联系？　/ 14

  四、法治和德治有什么区别与联系？　/ 14

  五、法治与治理有什么关系？　/ 15

六、怎样理解法治国家的基本内涵？ / 16
　　　　七、当代中国法治的基本要义是什么？ / 17
　　　　八、如何理解法治中国？ / 18
　　　　九、新中国法治经历了哪些发展阶段？ / 19
　　第三节　如何提升法治思维 / 23
　　　　一、什么是法治思维？ / 23
　　　　二、事业单位工作人员应具备哪些基本的法治
　　　　　　思维能力？ / 24
　　　　三、事业单位为什么要加强法治培训？ / 24
　　　　四、事业单位工作人员如何加强日常学法用法？ / 25

第二章　全面依法治国 / 26

　　第一节　全面依法治国的概念 / 26
　　　　一、全面依法治国的内涵是什么？ / 26
　　　　二、如何认识和处理全面依法治国一系列重大关系？ / 27
　　　　三、新中国从重视法治到全面依法治国经历了怎样
　　　　　　的历程？ / 28
　　　　四、全面依法治国有何时代意义？ / 29
　　第二节　全面推进依法治国的总目标 / 30
　　　　一、全面推进依法治国的总目标是什么？ / 30
　　　　二、如何理解全面推进依法治国的总目标？ / 30
　　　　三、如何全面推进依法治国？ / 31
　　　　四、如何加强和改善党对全面依法治国的领导？ / 32

第三章　中国特色社会主义法律体系 / 33

　　第一节　法律体系 / 33
　　　　一、什么是法律体系？有哪些特征？ / 33
　　　　二、法律体系中法律规范的协调性和统一性有
　　　　　　哪些表现？ / 34
　　　　三、法律体系与立法体系、法治体系有哪些区别？ / 35

四、法律体系分类的标准有哪些？ / 36

五、社会主义初级阶段法律体系的基本原则有哪些？ / 37

第二节　中国特色社会主义法律体系 / 37

一、中国特色社会主义法律体系与社会主义市场经济的
关系是什么？ / 37

二、中国特色社会主义法律体系提出的背景和发展历程
是怎样的？ / 38

三、中国特色社会主义法律体系的形成有什么重要
意义？ / 39

四、中国特色社会主义法律体系的基本框架是什么？ / 40

五、中国特色社会主义法律体系与法律体系、立法体系
之间是什么关系？ / 42

六、中国特色社会主义法律体系的"中国特色"有哪些？ / 43

第三节　完善以宪法为核心的中国特色社会主义法律体系 / 45

一、如何理解"完善以宪法为核心的中国特色社会主义
法律体系"中的"以宪法为核心"？ / 45

二、如何理解"完善以宪法为核心的中国特色社会主义
法律体系"中的"完善"？ / 45

三、如何完善以宪法为核心的中国特色社会主义
法律体系？ / 46

四、完善宪法的方式对完善事业单位工作人员相关
法律制度有何启示？ / 47

第四章　事业单位法律法规与事业单位改革 / 48

第一节　理解和认识事业单位 / 48

一、什么是事业单位？ / 48

二、事业单位有哪些特点？ / 48

三、事业单位有哪些类型？ / 48

四、事业单位如何设立？ / 49

五、如何区分事业单位和企业？ / 49

第二节　事业单位管理制度及其改革　/ 49

　　　　一、事业单位管理相关法律法规和政策性文件
　　　　　　主要有哪些？　/ 49

　　　　二、为什么要加快推进事业单位改革？　/ 50

　　　　三、加快推进事业单位改革的基本要求是什么？　/ 51

　　　　四、加快推进事业单位改革的基本思路是什么？　/ 51

　　　　五、面向社会提供公益服务的事业单位定位和
　　　　　　改革重点是什么？　/ 51

　　　　六、为机关提供支持保障的事业单位定位和
　　　　　　改革重点是什么？　/ 51

　　第三节　事业单位人事制度及其改革　/ 52

　　　　一、调整事业单位人事关系的主要法律法规有哪些？　/ 52

　　　　二、事业单位的人事关系能否适用劳动法律？　/ 53

　　　　三、为什么要推动事业单位人事制度改革？　/ 53

　　　　四、为什么要制定《事业单位人事管理条例》？　/ 54

　　　　五、《事业单位人事管理条例》的立法目的是什么？　/ 54

　　　　六、《事业单位人事管理条例》的主要内容有哪些？　/ 54

第五章　事业单位工作人员公开招聘与人员聘用　/ 56

　　第一节　公开招聘　/ 56

　　　　一、事业单位公开招聘的总体要求是什么？　/ 56

　　　　二、公开招聘的标准和原则是什么？　/ 56

　　　　三、公开招聘的适用范围和特殊情形有哪些？　/ 57

　　　　四、艰苦边远地区县乡事业单位公开招聘的
　　　　　　特殊政策有哪些？　/ 57

　　　　五、职业院校毕业生参加公开招聘有哪些特殊政策？　/ 58

　　　　六、公开招聘分类组织实施的方式有哪些？　/ 58

　　　　七、公开招聘工作由谁组织实施？　/ 58

　　　　八、公开招聘考试与考核的内容方式有何规定？　/ 59

　　　　九、公开招聘工作如何增强透明度？　/ 59

目 录

十、招聘计划与招聘信息的内容包括哪些？ / 60

十一、公开招聘岗位的条件设置和资格审查
　　　有哪些规定？ / 60

十二、公开招聘的应聘人员应具备哪些基本条件？ / 61

十三、公开招聘的工作程序如何进行？ / 61

十四、公开招聘的聘用程序如何进行？ / 62

十五、公开招聘中相关人员应回避的情形有哪些？ / 62

十六、公开招聘中相关人员违纪情形有哪些？ / 63

十七、公开招聘中对违纪情形有何处罚措施？ / 63

十八、应聘人员违纪违规行为如何记入诚信档案库？ / 63

第二节　人员聘用 / 64

一、什么是聘用与聘用合同？ / 64

二、聘用的基本程序包括哪些？ / 65

三、聘用合同的类型与期限有何规定？ / 65

四、聘用合同主要包括哪些条款？ / 66

五、聘用合同应如何约定试用期？ / 66

六、试用期的考核及其结果使用有何规定？ / 66

七、聘用合同的岗位工作条件、内容及职责要求
　　如何约定？ / 67

八、聘用合同中的工资福利与社会保险待遇如何约定？ / 67

九、聘用合同如何订立？ / 68

十、聘用合同如何变更？ / 68

十一、聘用合同如何续签？ / 69

十二、哪些聘用合同是无效合同？ / 69

十三、科研人员创新创业的聘用管理有何特殊政策？ / 69

十四、聘用合同在什么情况下终止？ / 70

十五、事业单位可单方面解除聘用合同的情形有哪些？ / 70

十六、聘用人员可单方面解除聘用合同的情形有哪些？ / 70

十七、事业单位不得解除聘用合同的情形有哪些？ / 71

十八、解除聘用合同时的特殊要求有哪些？ / 71

十九、解除聘用合同支付经济补偿的情形和标准
　　　　　有何规定？ / 71

　　二十、聘用合同解除后单位和个人分别有哪些
　　　　　权利义务？ / 72

　　二十一、事业单位违反聘用合同约定应承担的
　　　　　　责任有哪些？ / 72

　　二十二、聘用人员违反聘用合同约定应承担的
　　　　　　责任有哪些？ / 73

　　二十三、聘用合同双方发生争议如何处理？ / 73

第六章　事业单位工作人员岗位管理与职称评审 / 74

第一节　岗位管理 / 74

　　一、事业单位岗位指什么？ / 74

　　二、事业单位岗位设置的基本原则是什么？ / 74

　　三、事业单位岗位分哪几类？ / 74

　　四、管理岗位及其设置的原则是什么？ / 74

　　五、专业技术岗位及其设置的原则是什么？ / 74

　　六、工勤技能岗位及其设置的原则是什么？ / 75

　　七、事业单位能否设置特设岗位？ / 75

　　八、岗位设置管理的范围是什么？ / 75

　　九、为什么要分行业进行岗位设置？ / 75

　　十、当前主要的事业单位岗位设置的行业性指导
　　　　意见有哪些？ / 76

　　十一、岗位等级是如何划分的？ / 77

　　十二、岗位结构比例控制标准如何确定？ / 77

　　十三、管理岗位的最高等级和结构比例如何确定？ / 78

　　十四、专业技术岗位的最高等级和结构比例如何确定？ / 78

　　十五、工勤技能岗位的最高等级和结构比例如何确定？ / 78

　　十六、岗位设置的程序有哪些？ / 79

　　十七、岗位设置方案核准权限有何规定？ / 79

十八、岗位设置方案能否变更？ / 79

十九、岗位基本任职条件是什么？ / 80

二十、管理岗位基本任职条件是什么？ / 80

二十一、专业技术岗位基本任职条件是什么？ / 80

二十二、工勤技能岗位基本任职条件是什么？ / 81

二十三、专业技术一级岗位的任职条件与
程序是什么？ / 81

二十四、事业单位岗位聘用的前提条件是什么？ / 82

二十五、事业单位岗位聘用的原则是什么？ / 82

二十六、工作人员是否可以同时在不同类型的岗位
上任职？ / 82

第二节 职称评审 / 82

一、什么是职称和职称制度？ / 82

二、职称有哪些层级？ / 82

三、职称系列（专业）的各层级名称是什么？ / 83

四、什么是职称评审？ / 86

五、职称评审的原则是什么？ / 86

六、职称评审的标准由谁制定？ / 86

七、职称评审管理职责如何分工？ / 87

八、职称评审委员会的职能有哪些？ / 87

九、职称评审委员会组建规则是什么？ / 87

十、国家对职称评审委员会如何进行备案管理？ / 87

十一、组建高级职称评审委员会应具备哪些条件？ / 88

十二、职称评审委员会的评审专家应具备哪些条件？ / 88

十三、申报职称评审的人员应具备哪些基本条件？ / 88

十四、对申报职称评审的人员放宽职称评审条件的
情形有哪些？ / 89

十五、申报职称评审的程序如何进行？ / 89

十六、高技能人才参加职称评审的领域有哪些？ / 90

十七、高技能人才申报工程系列专业技术职称

有何条件？ / 90

十八、评审委员会组织职称评审的程序如何进行？ / 90

十九、评审专家参加评审会议的保密和回避要求
　　　有何规定？ / 91

二十、职称评审结果的复核与投诉机制是什么？ / 91

二十一、委托非本地区本单位职称评审委员会代评职称
　　　　有何规定？ / 91

二十二、专业技术人员职业资格证书如何发放？ / 92

二十三、专业技术人员职业资格证书无效后如何处理？ / 92

二十四、国家对职称评审工作如何进行监督管理？ / 92

二十五、对申报职称评审人员的重点监管包括
　　　　哪些内容？ / 93

二十六、对职称评审专家的监管重点包括哪些内容？ / 93

二十七、对职称评审相关工作人员的监管重点
　　　　包括哪些内容？ / 93

二十八、对职称评审委员会组建单位的监管重点
　　　　包括哪些内容？ / 94

二十九、对申报职称评审的人员所在单位的监管重点
　　　　包括哪些内容？ / 94

三十、职称评审监管部门可以采取的监管方式和
　　　形式有哪些？ / 95

三十一、申报职称评审的人员提交虚假评审申报
　　　　材料如何承担法律责任？ / 95

三十二、职称评审委员会组建单位及工作人员违规行为
　　　　如何承担法律责任？ / 95

第七章　事业单位工作人员考核、培训与继续教育　/ 97

第一节　考核制度　/ 97

一、事业单位工作人员考核的内涵和目的是什么？ / 97

二、事业单位工作人员考核的原则有哪些？ / 97

三、德、能、勤、绩、廉的考核具体要求有哪些？ / 98

四、事业单位工作人员实行分级分类考核主要指哪些？ / 99

五、事业单位工作人员考核的主要方式是什么？ / 99

六、年度考核及其档次有何规定？ / 99

七、年度考核确定为优秀档次有哪些条件？ / 100

八、年度考核确定为合格档次有哪些条件？ / 100

九、年度考核应当确定为基本合格档次的情形
有哪些？ / 100

十、年度考核应当确定为不合格档次的情形
有哪些？ / 101

十一、年度考核由谁组织实施？ / 101

十二、年度考核的程序是怎样进行的？ / 101

十三、年度考核优秀档次人数应如何把握？ / 102

十四、聘期考核指的是什么？ / 102

十五、聘期考核的程序是怎样进行的？ / 103

十六、聘期考核的结果如何确定？ / 103

十七、平时考核及其方式有何规定？ / 103

十八、专项考核及其方式有何规定？ / 103

十九、考核结果使用的基本要求有哪些？ / 104

二十、平时考核与专项考核结果如何使用？ / 104

二十一、年度考核结果如何使用？ / 104

二十二、年度考核结果为"不确定档次"的如何
使用？ / 105

二十三、聘期考核结果如何使用？ / 105

二十四、新入职事业单位工作人员当年如何进行
年度考核？ / 105

二十五、事业单位外派工作人员如何进行年度考核？ / 106

二十六、对同时在两类岗位任职的人员如何进行考核？ / 106

二十七、涉嫌违纪违法的工作人员如何进行考核？ / 106

二十八、年度考核其他特殊情形还有哪些？ / 106

二十九、当事人对考核结果有异议如何处理？ / 107

第二节 培训制度 / 107

一、事业单位工作人员培训工作的指导思想和
原则是什么？ / 107

二、基本培训内容和重点提升的能力有哪些？ / 107

三、分类培训及其学时要求有何规定？ / 108

四、岗前培训的对象和内容要求是什么？ / 108

五、岗前公共科目和专业科目培训的组织方式有哪些？ / 108

六、管理人员在岗培训的内容要求是什么？ / 109

七、管理人员在岗培训的组织方式有哪些？ / 109

八、专业技术人员和工勤技能人员的在岗培训
有何要求？ / 109

九、转岗培训的对象和目的是什么？ / 109

十、转岗培训的内容要求是什么？ / 109

十一、转岗培训的方式有哪些？ / 110

十二、专项培训的对象和要求是什么？ / 110

十三、对授课人员严格把关的要求有哪些？ / 110

十四、培训登记管理的要求有哪些？ / 110

十五、组织调训制度的要求有哪些？ / 110

十六、参训纪律和违纪处理有何规定？ / 110

十七、干部教育培训学员管理规定还有哪些
纪律要求？ / 111

第三节 继续教育 / 111

一、如何把握专业技术人员继续教育的含义和原则？ / 111

二、继续教育的经费由谁来保障？ / 112

三、继续教育实行怎样的管理体制？ / 112

四、继续教育公需科目和专业科目的内容有哪些？ / 112

五、对继续教育年度累计学时有什么要求？ / 112

六、获取继续教育学时的主要方式有几种？ / 112

七、组织和参加继续教育的途径有哪些？ / 113

八、如何保障专业技术人员的继续教育权利？ / 113

九、国家实施专业技术人才知识更新工程的
基本内容是什么？ / 113

十、继续教育的激励机制有哪些？ / 114

十一、继续教育情况的登记内容有哪些？ / 114

十二、对继续教育机构有什么管理要求？ / 114

十三、继续教育基地设立的分级管理指什么？ / 115

十四、国家对继续教育工作如何进行宏观指导？ / 115

十五、个人和单位违反继续教育规定的
法律责任有哪些？ / 116

第八章 事业单位工作人员奖励与处分 / 117

第一节 奖励制度 / 117

一、事业单位工作人员或集体获得奖励的
基本条件是什么？ / 117

二、事业单位奖励工作遵循的基本原则是什么？ / 117

三、给予事业单位工作人员和集体奖励的类型有哪些？ / 118

四、给予事业单位工作人员和集体奖励的情形有哪些？ / 118

五、给予党中央和国家机关所属事业单位工作人员和
集体奖励由谁作出？ / 119

六、给予省级以下事业单位工作人员和集体
奖励由谁作出？ / 119

七、如何制作与颁发奖励证书、奖章和奖牌？ / 120

八、如何给予一次性奖金和其他物质奖励？ / 120

九、如何对获得奖励的人员和集体进行褒奖？ / 120

十、定期奖励如何实施？ / 120

十一、定期奖励如何确定比例（名额）？ / 120

十二、定期奖励按照什么程序进行？ / 121

十三、县级以下事业单位定期奖励比例（名额）
有倾斜政策吗？ / 121

十四、及时奖励的情形、比例（名额）与程序
　　　　　　　有何规定？　/ 121

　　　　十五、奖励工作中责令限期改正的违规情形有哪些？　/ 121

　　　　十六、不得给予奖励或者撤销奖励的情形有哪些？　/ 122

　　　　十七、事业单位工作人员或集体的奖励被撤销后
　　　　　　　如何处理？　/ 122

　　第二节　处分制度　/ 123

　　　　一、事业单位工作人员处分适用的制度有哪些？　/ 123

　　　　二、给予处分秉持的基本要求是什么？　/ 123

　　　　三、处分与政务处分的类型有哪些？　/ 123

　　　　四、处分与政务处分的影响期是什么？　/ 123

　　　　五、给予处分的违纪行为有哪些？　/ 124

　　　　六、违反政治纪律的行为及其处分种类是什么？　/ 124

　　　　七、违反组织人事纪律的行为及其处分种类是什么？　/ 125

　　　　八、违反工作纪律的行为及其处分种类是什么？　/ 125

　　　　九、违反廉洁从业纪律的行为及其处分种类是什么？　/ 125

　　　　十、违反财经纪律的行为及其处分种类是什么？　/ 126

　　　　十一、严重违反职业道德的行为及其处分种类是什么？　/ 126

　　　　十二、严重违反公共秩序、社会公德的行为及其
　　　　　　　处分种类是什么？　/ 127

　　　　十三、从轻、减轻或免除处分的情形有哪些？　/ 127

　　　　十四、从重处分的情形有哪些？　/ 128

　　　　十五、有两种以上需要给予处分的行为的如何处理？　/ 128

　　　　十六、二人以上共同违规违纪违法如何给予处分？　/ 128

　　　　十七、已经退休事业单位工作人员违规违纪违法行为
　　　　　　　如何处理？　/ 128

　　　　十八、因犯罪行为给予开除处分的情形有哪些？　/ 129

　　　　十九、因过失犯罪行为可不予开除的情形有哪些？　/ 129

　　　　二十、因犯罪行为被单处罚金等情形下的处分
　　　　　　　如何适用？　/ 129

目 录

二十一、哪些部门有对事业单位工作人员给予
　　　　处分的权限？／129

二十二、哪些部门有对事业单位工作人员给予
　　　　开除处分的权限？／129

二十三、对事业单位工作人员的处分程序如何进行？／130

二十四、受处分后是否可以参加年度考核和
　　　　评定档次？／130

二十五、受到降低岗位等级处分后岗位聘用
　　　　如何调整？／130

二十六、受开除处分后人事关系如何处理？／131

二十七、受处分期间可以参加职称评审或
　　　　职业技能等级认定吗？／131

二十八、对事业单位工作人员立案调查的
　　　　工作要求有哪些？／131

二十九、被立案调查期间是否可以继续履职？／131

三十、对作出处分决定的期限有何要求？／131

三十一、处分决定包含哪些内容？／132

三十二、受处分工作人员的违规违纪违法
　　　　所得如何处置？／132

三十三、解除处分的条件是什么？／132

三十四、解除处分后人事管理与待遇如何调整？／132

三十五、对处分决定申请复核和提出申诉的管辖和
　　　　时限有何规定？／133

三十六、受理复核或申诉后的办理时限及
　　　　对原处分有何影响？／133

三十七、应当撤销处分决定的情形有哪些？／133

三十八、应当变更处分决定的情形有哪些？／133

三十九、撤销或变更处分决定后人事管理和
　　　　待遇如何调整？／134

四十、处分工作中有违规违法行为的如何处理？／134

事业单位工作人员基本法律知识与人事政策

　　　　四十一、党员有违纪违法行为的如何处理？／134

　　　　四十二、党员受到处分的应如何给予党纪处分？／134

　　　　四十三、党员有涉嫌违法犯罪行为的应如何处理？／134

第九章　事业单位工作人员工资福利与社会保险　／136

　　第一节　工资福利　／136

　　　　一、事业单位工资管理的基本思路是什么？／136

　　　　二、事业单位工作人员的工资由哪些部分构成？／136

　　　　三、专业技术人员岗位工资如何确定？／137

　　　　四、管理人员的岗位工资如何确定？／137

　　　　五、工勤人员的岗位工资如何确定？／138

　　　　六、薪级工资如何确定？／138

　　　　七、工资套改年限和任职年限如何计算？／138

　　　　八、什么是绩效工资？／139

　　　　九、基础性绩效工资与奖励性绩效工资含义
　　　　　　分别是什么？／139

　　　　十、艰苦边远地区津贴具体指什么？／139

　　　　十一、特殊岗位津贴补贴具体指什么？／139

　　　　十二、如何进行工资调整？／140

　　　　十三、如何进行绩效工资的分类分级管理？／140

　　　　十四、病假、受处分等特殊情形下工资待遇
　　　　　　　如何发放？／141

　　　　十五、年休假是怎样规定的？／141

　　　　十六、不享受当年年休假的情形有哪些？／142

　　　　十七、探亲假是怎样规定的？／142

　　　　十八、公立医院如何确定薪酬和落实分配自主权？／142

　　　　十九、科研人员职务科技成果转化现金奖励是否
　　　　　　　纳入绩效工资？／143

　　第二节　社会保险　／144

　　　　一、国家建立的社会保险制度有哪些？／144

目 录

二、事业单位工作人员何种情形可以享受
　　社会保险待遇？ / 144

三、关于社保经办机构属地管理与工作职责的规定
　　有什么？ / 144

四、事业单位养老保险制度改革的目标是什么？ / 145

五、事业单位养老保险制度改革的基本原则是什么？ / 145

六、事业单位养老保险制度适用对象包括哪些？ / 146

七、养老保险的缴费比例有何规定？ / 146

八、个人账户的支取条件与计息方式是什么？ / 146

九、基本养老金计发的办法有哪些？ / 146

十、退休年龄及相关基本养老保险有何新规定？ / 147

十一、养老保险关系如何在不同单位和地域间
　　　转移接续？ / 148

十二、在京中央国家机关事业单位养老保险
　　　制度的适用范围如何界定？ / 148

十三、医疗保险的缴费与费用支付方式有何规定？ / 148

十四、哪些医疗费用不属于基本医疗保险基金的
　　　支付范围？ / 149

十五、生育保险的缴费与待遇支付有何规定？ / 149

十六、工伤保险的缴费方式以及基金使用有何规定？ / 149

十七、因工伤发生的哪些费用从工伤保险基金支付？ / 150

十八、因工伤发生的哪些费用应该由用人单位支付？ / 150

十九、应当认定为工伤的情形有哪些？ / 150

二十、应当视同工伤的情形有哪些？ / 151

二十一、应当进行劳动能力鉴定的情形有哪些？ / 151

二十二、劳动功能障碍与生活自理障碍分几级？ / 151

二十三、失业保险的缴费方式与待遇支付有何规定？ / 151

二十四、住房公积金缴存与管理有何规定？ / 152

二十五、提取住房公积金的要求有哪些？ / 152

二十六、申请住房公积金贷款有何要求？ / 153

事业单位工作人员基本法律知识与人事政策

第三节　职业年金　/ 153

一、事业单位职业年金是指什么？　/ 153

二、事业单位职业年金制度适用范围有哪些？　/ 153

三、事业单位建立职业年金应符合哪些条件？　/ 153

四、职业年金方案主要包括哪些内容？　/ 154

五、职业年金基金由哪几项组成？　/ 154

六、职业年金的缴费主体和缴费比例如何规定？　/ 155

七、什么条件下可以领取职业年金？　/ 155

八、职业年金个人账户资金可以随工作变动转移吗？　/ 155

九、职业年金如何补记？　/ 155

十、职业年金受托人如何确定？　/ 156

十一、职业年金的账户管理人、投资管理人和

托管人如何确定？　/ 156

十二、职业年金制度的执行由谁来监督管理？　/ 156

第十章　事业单位人事争议处理与回避　/ 157

第一节　人事争议处理　/ 157

一、事业单位工作人员人事争议是指什么？　/ 157

二、人事争议处理的原则与途径是什么？　/ 157

三、人事争议处理适用的法律法规主要有哪些？　/ 157

四、人事争议处理有哪些具体方式？　/ 158

五、人事争议仲裁机构如何设立？　/ 158

六、仲裁委员会的职责有哪些？　/ 158

七、仲裁庭如何组成和办案？　/ 158

八、人事争议仲裁的管辖范围如何确定？　/ 159

九、人事争议仲裁时效期间有多长？　/ 159

十、人事争议仲裁申请书有哪些具体要求？　/ 160

十一、人事争议仲裁的一般仲裁程序有哪些环节？　/ 160

十二、人事争议的当事人如何提出回避申请？　/ 161

十三、人事争议仲裁举证责任如何分配？ / 161

十四、人事争议仲裁是否需要公开开庭审理？ / 162

十五、人事争议仲裁的裁决如何作出？ / 162

十六、当事人不服人事争议仲裁裁决的如何处理？ / 162

十七、人事争议当事人可提起诉讼的情形有哪些？ / 162

十八、人事争议仲裁中当事人有违法情形的
　　 如何处理？ / 163

十九、人事争议仲裁的调解优先原则具体指什么？ / 163

二十、人事争议调解协议与调解书的法律效力如何？ / 163

第二节　回避制度 / 164

一、建立事业单位人事管理回避制度的目的和
　　总体要求是什么？ / 164

二、岗位回避和履职回避的含义分别是什么？ / 164

三、岗位回避所指的亲属关系包括哪几类？ / 164

四、岗位回避所指的直接上下级领导关系包括哪几类？ / 165

五、岗位回避的程序如何进行？ / 165

六、事业单位公开招聘人员的岗位回避要求有哪些？ / 166

七、应当履职回避的情形有哪些？ / 166

八、履职回避的程序如何进行？ / 166

九、处理事业单位工作人员违法违纪案件的回避
　　要求有哪些？ / 167

十、处理人事争议案件的回避要求有哪些？ / 167

十一、事业单位工作人员违反回避规定的
　　　应当如何处理？ / 168

十二、事业单位外请专家违反回避规定的如何处理？ / 168

十三、隐瞒应回避情形造成工作结果不公的
　　　如何处理？ / 168

附录　事业单位人事管理政策法规参考目录 / 169

一、综合性法规 / 169

二、聘用制度与公开招聘 / 169

三、岗位设置与管理 / 170

四、考核、培训、奖励 / 170

五、处分、申诉、回避 / 170

六、人事争议处理 / 171

七、创新创业 / 171

八、职称评审与继续教育 / 171

九、工资收入与休假 / 171

十、社会保险、职业年金与住房公积金 / 172

后记 / 173

第一章
法治的基本内涵和作用

第一节　习近平法治思想的重大意义和法治的作用

一、习近平法治思想是如何形成的？

党的十八大以来，习近平总书记领导全党开展的一系列工作实践、理论创新，应运而生形成了习近平法治思想，这一思想最为集中地体现在党的十八大、十八届四中全会、十九大、十九届二中三中四中五中全会和2020年11月中央全面依法治国工作会议的讲话和文件中（见表1-1）。

表1-1　习近平法治思想在党的重要会议上的体现和发展

党的会议	习近平法治思想的体现
党的十八大	加快建设社会主义法治国家；更加注重发挥法治在国家治理和社会管理中的重要作用
党的十八届四中全会	专门研究全面依法治国，出台关于全面推进依法治国若干重大问题的决定，对全面依法治国进行顶层设计、描绘宏伟蓝图
党的十九大	提出到2035年基本建成法治国家、法治政府、法治社会，确立了新时代法治中国建设的路线图、时间表
党的十九届二中全会	专题研究宪法修改，由宪法及时确认党和人民创造的伟大成就和宝贵经验，以更好发挥宪法的规范、引领、推动、保障作用
党的十九届三中全会	站在加强党对全面依法治国的集中统一领导的高度，成立中央全面依法治国委员会，统筹推进全面依法治国工作

续表

党的会议	习近平法治思想的体现
党的十九届四中全会	从推进国家治理体系和治理能力现代化的角度，对坚持和完善中国特色社会主义法治体系，提高党依法治国、依法执政能力作出总部署
党的十九届五中全会	在制定"十四五"规划和二〇三五年远景目标建议时，再次就全面依法治国作出部署，对立足新发展阶段、贯彻新发展理念、构建新发展格局立法工作提出新的要求
中央全面依法治国工作会议	习近平总书记提出"十一个坚持"，深刻回答了新时代为什么实行全面依法治国、怎样实行全面依法治国等一系列重大问题

习近平法治思想是习近平新时代中国特色社会主义思想的重要组成部分，以科学的理论思维、深邃的历史眼光和宽广的世界视野，把握人类法治发展的本质和规律，回答了国家治理和全球治理的中国之问、世界之问、时代之问、人类之问，诠释了"中国之治"的"中国之理"，传递着"人类文明"的"法治之道"。①

事业单位工作人员要以习近平新时代中国特色社会主义思想为指导，深入学习贯彻习近平法治思想，切实运用蕴含其中的立场观点方法指导实践、解决问题、推动工作，努力成为新时代合格的法治人才。

二、习近平法治思想的核心要义是什么？

习近平法治思想的核心要义和理论精髓，集中体现为习近平总书记在中央全面依法治国工作会议上提出并系统阐述的"十一个坚持"。

坚持党对全面依法治国的领导。党的领导是推进全面依法治国的根本保证。党的领导是我国社会主义法治之魂，社会主义法治必须坚持党的领导。

坚持以人民为中心。全面依法治国最广泛、最深厚的基础是人民，推进全面依法治国根本目的是依法保障人民权益。要努力让人民群众在每一项法律制度、每一个执法决定、每一宗司法案件中都感受到公平正义。

坚持中国特色社会主义法治道路。中国特色社会主义法治道路，本质上是中国特色社会主义道路在法治领域的具体体现。推进全面依法治国必须走对路，要从中国国情和实际出发，走适合自己的法治道路。

---

① 栗战书．习近平法治思想是全面依法治国的根本遵循和行动指南［J］．中国人大，2021（2）．

坚持依宪治国、依宪执政。宪法是国家的根本法，具有最高的法律效力。依法治国首先是依宪治国，依法执政首先是依宪执政。要加强宪法实施和监督，推进合宪性审查工作，维护国家法治统一。

坚持在法治轨道上推进国家治理体系和治理能力现代化。法治是国家治理体系和治理能力的重要依托。全面依法治国才能有效保障国家治理体系的系统性、规范性、协调性，才能最大限度凝聚社会共识。

坚持建设中国特色社会主义法治体系。要加快形成完备的法律规范体系、高效的法治实施体系、严密的法治监督体系、有力的法治保障体系，形成完善的党内法规体系。要坚持依法治国和以德治国相结合，实现法治和德治相辅相成、相得益彰。

坚持依法治国、依法执政、依法行政共同推进，法治国家、法治政府、法治社会一体建设。全面依法治国是一个系统工程，要整体谋划，更加注重系统性、整体性、协同性。

坚持全面推进科学立法、严格执法、公正司法、全民守法。要继续推进法治领域改革，解决好立法、执法、司法、守法等领域的突出矛盾和问题。

坚持统筹推进国内法治和涉外法治。要加快涉外法治工作战略布局，协调推进国内治理和国际治理。要积极参与国际规则制定，提出改革方案，推动全球治理变革，推动构建人类命运共同体。

坚持建设德才兼备的高素质法治工作队伍。要推进法治专门队伍革命化、正规化、专业化、职业化，确保做到忠于党、忠于国家、忠于人民、忠于法律。法律服务队伍是全面依法治国的重要力量。

坚持抓住领导干部这个"关键少数"。领导干部具体行使党的执政权和国家立法权、行政权、监察权、司法权，党的领导能不能在全面依法治国实践中得到具体落实，领导干部是关键。

事业单位工作人员要带头学习习近平法治思想，带动广大人民群众尊崇法治、敬畏法律、掌握法律，紧密结合工作实际，将强化法治意识、法治思维、法治能力融入日常工作，不断提高运用法治思维和法治方式化解矛盾、维护稳定、应对风险的能力。

三、如何理解习近平法治思想的重大意义？

习近平法治思想是党的十八大以来法治建设最重要的标志性成果，其重大意义体现在以下两个方面。

第一个方面，习近平法治思想为发展马克思主义法治理论作出原创性贡献。党的十八大以来，习近平总书记以马克思主义政治家、思想家、战略家的深刻洞察力和理论创造力，聚焦全面依法治国的时代命题，凝聚古今中外法治建设的思想精华，创造性地提出了一系列战略性、实践性、真理性、指导性的新理念新思想新战略，形成了习近平法治思想。

政治意义在于，习近平法治思想为推进新时代全面依法治国提供了科学指引。

理论意义在于，习近平法治思想实现了马克思主义法治理论中国化时代化新的历史性飞跃。

实践意义在于，习近平法治思想推动新时代全面依法治国发生历史性变革、取得历史性成就。

历史意义在于，习近平法治思想实现了中华优秀传统法律文化的创造性转化以及创新性发展。

第二个方面，习近平法治思想推动法治中国建设开创新局面。党的十八大以来，在习近平法治思想的指引下，我们在法治中国建设领域取得了五项重要的成就。

第一项成就，社会主义法治国家建设深入推进。在党的历史上，第一次召开中央全会专题研究部署全面依法治国，第一次组建中央全面依法治国委员会，第一次召开中央全面依法治国工作会议。科学立法、严格执法、公正司法、全民守法全面推进，为社会主义法治国家建设注入了强大动力。

第二项成就，全面依法治国总体格局基本形成。制定法治中国建设规划、法治政府建设实施纲要、法治社会建设实施纲要，依法治国、依法执政、依法行政共同推进，法治国家、法治政府、法治社会一体建设，全面依法治国的顶层设计不断完善，系统性、整体性、协同性不断增强。

第三项成就，中国特色社会主义法治体系建设加快推进。完备的法律规范体系、高效的法治实施体系、严密的法治监督体系、有力的法治保障体系、完善的党内法规体系加快形成。截至2024年11月底，现行有效法律有305件，行政法规有596件，地方性法规有14 700余件。10年来，制定和修订了159部中央党内法规。

第四项成就，司法体制改革取得重大进展。司法体制机制实现了历史性变革、系统性重塑、整体性重构。司法机关85%的人力资源集中到了办案一线，人均办案数量增长了20%，结案率上升了18%，一、二审裁判生效后服判息诉率达到了

98%，司法质量、效率和公信力持续提升。

第五项成就，社会公平正义法治保障更为坚实。法律面前人人平等保障机制不断完善，人权法治保障显著加强，严格规范公正文明执法水平不断提高，切实保证了人民群众依法享有广泛的权利和自由、承担应尽的义务。

事业单位工作人员要深刻领会习近平法治思想重大意义，吃透基本精神、把握核心要义、明确工作要求，切实把习近平法治思想贯彻落实到全面依法治国全过程，更好转化为全面建设社会主义法治国家的生动实践。

四、如何理解法治的保障作用？

党的十九届五中全会通过的《中共中央关于制定国民经济和社会发展第十四个五年规划和二〇三五年远景目标的建议》对我国"十四五"时期和未来15年经济社会发展作出战略部署，提出要有效发挥法治固根本、稳预期、利长远的保障作用。这对于推进全面依法治国，更好发挥法治作用，推动和保障"十四五"时期经济社会发展目标任务的顺利实现和国家各项事业持续健康发展，具有十分重要的意义。

固根本。法治对于国家制度和治理体系具有"固根本"的保障作用。我国宪法法律确立了一系列具有根本意义、根本性质的制度，奠定了国家制度根基，起到了强基固本作用。

稳预期。法治对于全社会成员各种行为和活动具有"稳预期"的保障作用。法治的功能既体现在对于国家和社会各种关系予以确认、保护、规范和调整，又体现在对于经济社会发展和各项事业发展发挥引导、定向、推动和促进作用。实行法治，通过确立和实施稳定、公开、规范的制度机制和行为规范，能够为国家和社会发展提供牢固基础、持久动力和广阔空间。

利长远。法治对于国家和社会未来发展具有"利长远"的保障作用。法律是治国之重器，法治是国家治理体系和治理能力的重要依托。中外历史经验和教训都表明，法治兴则国家兴，法治衰则国家乱。法治的精髓和要旨对国家治理和社会治理具有普遍意义。①

更好发挥法治作用，应当坚持和遵循以下重要原则。

一是坚持党对依法治国的领导。党的领导是社会主义法治最根本的保证。必须

---

① 沈春耀.有效发挥法治固根本、稳预期、利长远的保障作用［J］.中国人大，2020（22）.

把党的领导贯彻到依法治国全过程和各方面，通过法治保证党的理论和路线方针政策得到有效贯彻和实施。

二是坚持人民主体地位。人民是依法治国的主体和力量源泉。必须坚持法治建设为了人民、依靠人民、造福人民、保护人民，依法治国必须维护人民利益、反映人民愿望、增进人民福祉。

三是坚持中国特色社会主义法治道路。核心要义是坚持中国共产党领导，坚持和完善中国特色社会主义制度，贯彻中国特色社会主义法治理论。学习借鉴世界法治文明成果，但不照抄照搬。

四是坚持建设中国特色社会主义法治体系。加快形成完备的法律规范体系、高效的法治实施体系、严密的法治监督体系、有力的法治保障体系，形成完善的党内法规体系。

五是坚持依法治国、依法执政、依法行政共同推进和法治国家、法治政府、法治社会一体建设。全面依法治国是一个系统工程，必须整体谋划、统筹兼顾、协调推进各领域各环节各层面法治建设。

六是坚持依宪治国、依宪执政。坚持依法治国首先要坚持依宪治国，坚持依法执政首先要坚持依宪执政。任何公民、组织和国家机关都必须以宪法为根本行为准则，维护宪法权威。

七是坚持全面推进科学立法、严格执法、公正司法、全民守法。抓住法治关键环节，着力解决好立法、执法、司法、监督、法律服务、法学教育、法治研究、普法守法等方面的矛盾和问题。

八是坚持处理好法治辩证关系。坚持在法治下推进改革和在改革中完善法治相统一，依法治国和以德治国相结合，依据宪法法律治国理政和依据党内法规管党治党相协同。

五、法治建设为什么要坚持以人民为中心？

坚持以人民为中心是习近平法治思想的重要方面，深刻回答了全面依法治国为了谁、依靠谁的问题。全面贯彻习近平法治思想，必须深刻把握坚持以人民为中心的丰富理论内涵，努力把学习成效转化为推进全面依法治国、建设法治中国的生动实践。

一是顺应人民期盼。坚持以人民为中心，就要不断满足人民对美好生活的向往。

积极回应人民群众新要求新期待，系统研究谋划和解决法治领域人民群众反映强烈的突出问题，不断增强人民群众获得感、幸福感、安全感，用法治保障人民安居乐业。为此，必须广泛倾听人民群众意见，深入了解法治一线的实际情况、了解人民群众所思所盼，使法律及其实施充分体现人民意志。

二是维护人民利益。我们党领导人民仅用几十年时间就走完发达国家几百年走过的工业化历程，创造了经济快速发展和社会长期稳定两大奇迹。其中一个重要原因就在于我们党始终坚持以人民为中心，促进社会公平正义、增进人民福祉。必须坚持以人民为中心，切实尊重和保障人权，依法保障全体公民享有广泛的权利，保障公民的人身权、财产权、基本政治权利等各项权利不受侵犯，保证公民的经济、文化、社会等各方面权利得到落实，始终维护最广大人民根本利益，保障人民群众对美好生活的向往和追求。

三是紧紧依靠人民。人民是依法治国的主体和力量源泉。人民权益要靠法律保障，法律权威要靠人民维护。必须把坚持以人民为中心的发展思想贯穿立法、执法、司法、守法各个环节，始终把人民作为依法治国的主体和力量源泉。[①]

法治建设最广泛、最深厚的基础是人民。事业单位工作人员必须牢固树立以人民为中心的发展理念，坚持为了人民、依靠人民，通过把体现人民利益、反映人民愿望、维护人民权益、增进人民福祉落实到工作各环节、全过程，着力解决好人民群众急难愁盼问题，不断增强人民群众获得感、幸福感、安全感。

六、法治对社会主义市场经济发展有什么作用？

社会主义市场经济本质上是法治经济，法治是最好的营商环境。习近平总书记深刻指出，"贯彻新发展理念，实现经济从高速增长转向高质量发展，必须坚持以法治为引领"，要"以良法促进发展、保障善治""运用法治思维和法治方式解决经济社会发展面临的深层次问题"。进入新发展阶段，为更好贯彻新发展理念，构建新发展格局，实现经济高质量发展，必须进一步加快完善社会主义市场经济法治体系，着力提升营商环境法治化水平，坚持经济发展与法治发展同步协调推进，更加注重运用法治思维与法治方式推动经济发展，为全面建设社会主义现代化国家提供有力法治保障。

---

① 杨贝.坚持以人民为中心推进法治建设［N］.人民日报，2021-12-27（9）.

一是加快完善社会主义市场经济法治体系。社会主义市场经济以良法善治为内在要求，本质上是法治经济。推动经济高质量发展，必须继续深化经济体制改革，构建高水平社会主义市场经济体制，使市场在资源配置中起决定性作用，更好发挥政府作用。这就要求以良法善治为基础，将市场运行及政府行为全面纳入法治轨道，尽快建立健全一整套完备的市场法律规则，进一步完善社会主义市场经济法治体系，从而有效保障市场的公平有序与良性运行，推动有效市场和有为政府更好结合。

二是以更大力度营造良好法治化营商环境。习近平总书记关于"法治是最好的营商环境"的重要论断，深刻阐释了法治对促进经济发展的重大意义。法治能够依法平等保护各类市场主体的产权和合法权益，让有恒产者有恒心，从而确保投资者的投资信心和安全感，增强创新发展动力，为实现经济高质量发展营造良好环境、提供有效保障。

三是坚持经济发展与法治发展同步协调推进。习近平总书记指出，要将"十四五"时期经济社会发展和法治建设同步谋划、同步部署、同步推进。法治是治国理政的基本方式，经济社会越发展，越要依靠法治。只要我们持续加强法治中国建设，始终坚持经济发展与法治发展同步协调推进，不断促进社会公平正义，就能为实现经济持续健康发展提供根本保障，为中国经济迈向高质量发展提供不竭动力。①

七、为什么说法治是公平正义的"生命线"？

公平正义是我们党治国理政的一贯主张，也是社会主义社会的核心价值。习近平总书记强调，公平正义是我们党追求的一个非常崇高的价值，全心全意为人民服务的宗旨决定了我们必须追求公平正义、保护人民权益、伸张正义。"法者，天下之公器"，促进社会公平正义，离不开法治的有力保障。

法律是治国之重器，良法是善治之前提。以法治维护公平正义，科学立法是引领。把公正、公平、公开原则贯穿立法全过程，加快完善体现权利公平、机会公平、规则公平的法律制度，保障公民人身权、财产权、基本政治权利等各项权利不受侵犯，保障公民经济、文化、社会等各方面权利得到落实，才能筑牢人们共享人生出

---

① 周佑勇.以良法善治推动经济高质量发展［N］.学习时报，2022-08-31.

彩机会的坚实平台。

法律的生命力在于实施,法律的权威也在于实施。以法治维护公平正义,严格执法是关键。法律面前人人平等,任何组织和个人都必须尊重宪法法律权威,都必须在宪法法律范围内活动,都不得有超越宪法法律的特权。"法立,有犯而必施;令出,唯行而不返。"解决好执法不规范、不严格、不透明、不文明等问题,惩治执法腐败现象,才能确保法律公正、有效实施,牢牢树立起法治权威。

司法公正对社会公正具有重要引领作用,司法不公对社会公正具有致命破坏作用。以法治维护公平正义,公正司法是保障。"凡法事者,操持不可以不正。"无论是确保依法独立公正行使审判权和检察权,还是优化司法职权配置更好服务于民,或是完善人民陪审员制度、保障人民群众参与司法,都是为了完善司法管理体制和司法权力运行机制,规范司法行为,加强对司法活动的监督,让人民群众在每一个司法案件中感受到公平正义。

人民权益要靠法律保障,法律权威要靠人民维护。以法治维护公平正义,全民守法是基础。"法令既行,纪律自正,则无不治之国,无不化之民。"依法治国是一个系统工程。各级领导干部首先要对法律怀有敬畏之心,不能以言代法、以权压法、徇私枉法,而应带头依法办事、带头遵守法律,担当起法治建设的责任。同时,也要弘扬社会主义法治精神,建设社会主义法治文化,增强全社会厉行法治的积极性和主动性,形成守法光荣、违法可耻的社会氛围,使全体人民都成为社会主义法治的忠实崇尚者、自觉遵守者、坚定捍卫者。全民积极投身全面推进依法治国伟大实践,国家长治久安、人民幸福安康就有了最可靠的保证。①

八、如何理解法治中国与国家治理现代化的关系?

2019年,党的十九届四中全会通过了《中共中央关于坚持和完善中国特色社会主义制度、推进国家治理体系和治理能力现代化若干重大问题的决定》。这一重要文献将国家治理现代化问题提上了更为重要的议事日程。法治中国建设是依法治国在中国国家治理上的具体实践,它与国家治理现代化有以下三个方面的联系。

第一,法治中国建设与国家治理现代化具有密切的内在联系,必须将二者协调

---

① 人民日报评论员.以法治守护公平正义的核心价值——五论深入学习贯彻十八届四中全会精神[N].人民日报,2014-10-29(4).

起来，统筹推进。法治中国建设就是在中国这个主权国家所进行的法治实践，其实践活动首要而根本的内容，就是达到国家的良好治理，实现良法善治。良法善治是指良好的法律制度在治国理政的实践中得到很好实施的状态，是国家治理现代化的重要目标。

第二，国家治理现代化要求国家治理法治化，法治中国建设是国家治理现代化的重要组成部分。国家治理现代化是一个综合概念，它的内涵极为丰富，包括国家治理在政治、经济、文化、社会、生态文明等各个方面的现代化。建设中国特色社会主义法治体系，提高中国共产党依法执政能力和水平，确保依法治国、依法执政、依法行政共同推进，法治国家、法治政府、法治社会一体建设，是法治中国建设的重要内容，也是推进国家治理现代化的具体实践。

第三，国家治理现代化必须依赖法治中国建设，法治中国建设是整个国家治理现代化的重要保障。国家治理现代化涉及政治、经济、文化、社会、生态文明，涉及科技、教育、国防、外交等各个方面，它们都需要法治化，都需要通过法治化的路径与方式实现现代化。法治化是整个国家治理现代化在各个方面的保障，是国家治理现代化的重要保证。

九、党的二十大报告对法治建设提出了哪些新论断、新要求？

习近平总书记在党的二十大报告中强调，我们要坚持走中国特色社会主义法治道路，建设中国特色社会主义法治体系、建设社会主义法治国家，围绕保障和促进社会公平正义，坚持依法治国、依法执政、依法行政共同推进，坚持法治国家、法治政府、法治社会一体建设，全面推进科学立法、严格执法、公正司法、全民守法，全面推进国家各方面工作法治化。

一是完善以宪法为核心的中国特色社会主义法律体系。加强宪法实施和监督，健全保证宪法全面实施的制度体系。加强重点领域、新兴领域、涉外领域立法，统筹推进国内法治和涉外法治。推进科学立法、民主立法、依法立法，统筹立改废释纂，增强立法系统性、整体性、协同性、时效性。

二是扎实推进依法行政。转变政府职能，优化政府职责体系和组织结构，推进机构、职能、权限、程序、责任法定化，提高行政效率和公信力。深化行政执法体制改革，全面推进严格规范公正文明执法，加大关系群众切身利益的重点领域执法力度，完善行政执法程序，健全行政裁量基准。

三是严格公正司法。深化司法体制综合配套改革，全面准确落实司法责任制，加快建设公正高效权威的社会主义司法制度，努力让人民群众在每一个司法案件中感受到公平正义。

四是加快建设法治社会。弘扬社会主义法治精神，传承中华优秀传统法律文化，引导全体人民做社会主义法治的忠实崇尚者、自觉遵守者、坚定捍卫者。建设覆盖城乡的现代公共法律服务体系，深入开展法治宣传教育，增强全民法治观念。发挥领导干部示范带头作用，努力使尊法学法守法用法在全社会蔚然成风。

第二节　法治的基本内涵

一、如何理解法治的基本内涵？

法治，即法的统治，是以民主为前提和目标，以法律至上为原则，以严格依法办事为核心，以制约权力为关键的国家治理方式、社会管理机制、社会活动方式和社会秩序状态。其基本内涵如下。

一是法治必须以民主为前提。没有民主，法就不可能是多数人意志的体现。不体现多数人的意志，法就失去了最基本的社会基础，法治就不可能进行。没有民主，法就不可能在社会中得到有效的贯彻实施，法治就不能实现。没有民主，法就可能为专制者所垄断、驱使，成为权力的奴仆，这样法便失去了应有的尊严和权威。

二是法治以民主为目标。从局部看，民主与法治的关系是相对的，二者互为手段和目的；从总体看，法治只能是手段，民主才是目的。把民主作为法治的目标，实际上是法治对于人的价值的最直接体现。民主乃人民主权，是多数人的权力、多数人的统治。法治必须建立在民主的基础之上又以民主为目标，不以民主为目标的法治必将蜕化为人治甚至专制。

三是法治的根本原则是法律至上。只有法律至上才可能实现法治，实现法的统治。法治并不否定政策、道德、纪律、习俗的重要作用，甚至还特别重视和依赖其作用的发挥。但它们都不能与法律相抵触。法律在所有的社会规范中，具有至高的法律效力，任何人都必须服从，否则就应承担法律责任。法治最重要的是制约权力，任何权力都必须在法律的范围内行使，依照法律的程序规定来运行，不得凌驾于法律之上。

四是法治的核心是严格依法办事。依法办事是法治的最基本准则。在立法民主基础上的法治，核心问题就是一个严格依法办事的问题。作为法治核心的依法办事要求国家机关及其公务人员、全体公民、社会组织都必须服从法律，将法律作为真正的行为准则。

五是法治的关键在于制约权力。权力及其拥有者必须受到法律的制约，这是法治的重要标志。法治必须首先对拥有权力的机关及其公务人员实行制约，其目的在于维护和实现法治，否则法治就可能因权力不受约束而毁于一旦。

六是法治是一种国家治理方式。法治首先而且一直都是作为国家治理的一种方式而产生、存在和发展的。法治是人类社会对国家治理方式理性思考的成果，也是治国理政方式方面的重要进步。

七是法治是一种社会治理机制。法治与人治对应和对抗，是社会控制者通过法进行社会运作的过程和社会组织形式。在法治中，法的规定是社会治理的根据和手段，法的实现是社会治理的目标和要求，法的实施是连接法的规定和法的实现的桥梁。法在人们的心目中至上至尊，人们在法治秩序之下享受着自由。在法治中，社会被法连接构建成一个既有自由又有纪律，既体现集体意志又保障个人心情舒畅的生动、活泼且内在有机联系的整体。

八是法治是一种社会活动方式。在法治状态中，人们都自觉地把法当作自己的行为准则，用法来引导自身的行为，衡量他人的行为。人们依法从事社会生活或社会活动。人们是否以及在何种程度上以法作为自己的活动方式，既是人们法治意识的外化，也是社会法治程度的标志。

九是法治是一种良性的社会秩序状态。它是完备的法律制度被良好实施后的社会实在，是社会法治化的结果。作为社会秩序状态的法治是以法律制度为基础，却又远远高于法律制度。社会是法治化了的社会，法治是社会化了的法治；社会以法治的状态出现和发展，法治在社会中得以充分展现。①

事业单位工作人员要正确认识法治的内在要求、精神实质和基本规律，准确把

---

① 张文显主编. 法理学［M］. 5版. 北京：高等教育出版社，2018.

握法治的深刻内涵，牢固树立法治理念和法治思维，坚定法治信仰，带头尊法、学法、守法，善于运用法治思维处理国家与社会事务，努力营造崇尚法治的浓厚氛围。

二、人治与法治的不同体现在哪些方面？

作为与法治相对的概念，人治是一种依靠领导人或统治者的意志和能力来管理国家和社会、处理社会公共事务的治国方式。它与法治之间存在以下三个方面的不同。

第一，领导人或统治者的地位不同。领导人或统治者的地位是区别法治与人治的重要标准之一。具体来说，在法治社会中，法律是至高无上的，领导人或统治者都必须服从法律。即使领导人或统治者认为法律有所不妥，在法律未改变之前，也必须遵守法律，而不能违背法律的规定。在人治社会中，领导人或统治者具有超越法律的权力。人治所依赖的是领导人或统治者个人或少数人的智慧和能力，其意志直接就是行动的指南，就是根据；即使有规则，也经常可以被权力拥有者一言以立，一言以废。

第二，法律的地位和作用不同。法治社会奉行法律至上的原则，法律的地位是至高无上的，并且法律既是手段更是目的。法律一旦制定就必须获得全社会的普遍遵守，统治者也不能例外。与此相适应，法律在社会生活中发挥着极为重要的作用，法律成为社会治理的主要方式。而在人治社会中，由于领导人或统治者具有超越法律的权力，因此法律充其量只是领导人或统治者实现社会统治的工具。在这种情况下，法律的作用经常得不到有效发挥，在法律与权力相冲突的时候，法律只能屈从于权力。

第三，法律的政治基础和包含的价值观念不同。在现代社会，法治一般是以民主作为政治基础的，并且往往与自由、平等和人权等价值观念相联系。而人治则总是以专制集权作为政治基础，并且一般并不奉行与现代法治相联系的自由、平等、人权等价值观念。[①]

事业单位工作人员要坚决摒弃人治思维，增强法治观念、弘扬法治精神，自觉运用法治思维想问题、作决策、办事情，既不能超越授权范围，更不能违反授权规

---

① 张文显主编.法理学[M].5版.北京：高等教育出版社，2018.

定，做到在法律规定的权限内履行职责、行使权力，不断提高运用法治思维和法治方式的能力。

三、法治与法制有什么区别和联系？

"法治"与"法制"是我们经常使用的两个重要的法律术语。狭义的法制，是将法制理解为法律制度的简称。广义的法制，是将法制理解为法律制度的制定、执行、遵守等在内的完整体系，是指有关法律制定运行的一系列活动和环节的总称。法治与法制既有区别，又有联系。法治与法制的区别体现在以下三个方面。

一是与权力的关系不同。与权力的不同关系，是法治与法制的重要区别。法治强调的是法的统治，奉行法律至上，主张一切权力都要受到法的制约。法制并不必然包含这样的含义。

二是产生和存在的时代不同。从严格意义上讲，现代法治是资产阶级革命的产物，是资本主义时代产生并建立的，只有在资本主义社会和社会主义社会才存在。而法制作为法律的另一种表述，早在奴隶制社会初期就产生了，它与奴隶制社会、封建制社会、资本主义社会和社会主义社会共始终。

三是二者与民主、自由和人权等现代价值观念的关系不同。一般来说，法治是与一定的民主、自由和人权等现代价值观念相联系的。在现代社会，民主通常是法治的政治基础，自由和人权则是法治所要保障和维护的价值。而法制与这些价值并没有必然的联系，它既可以为这些价值服务，也可以为反对这些价值的制度服务。[①]

法治与法制之间的联系是显而易见的，有法制并不一定有法治，但没有法制却绝对谈不上有法治，任何法治都是以法制为基础建立起来的。当然，法制的含义本身也不是一成不变的，有时人们也可能会在法治的含义上理解法制。事业单位工作人员要准确理解法治与法制之间的区别与联系。

四、法治和德治有什么区别与联系？

德治是中国传统社会的治国方式，有两层基本含义：一是指充分重视道德的教化作用，并通过道德的教化与规范作用进行社会管理和国家治理的治国方式；二是

---

① 《法理学》编写组．法理学［M］．5版．北京：人民出版社，高等教育出版社，2020．

指充分重视统治者的道德典范意义,并通过这种典范作用来治理国家和管理社会的治国方式。

法治与德治相比较,具有重要的区别。一是行为的基本准则不同。法治的基本准则是法律规范,德治的基本准则是道德规范。二是冲突的解决方式不同。当法律与道德之间产生冲突时,在法治社会,法律通常具有优先性;在德治社会,道德更具有优先性。

从切实可行的角度来说,法治要优越于德治。此外,我们还可以从以下两个因素看法治的优越性。一是法律与道德的差异决定了法律更适合于管理国家和社会,这是法治优于德治的客观基础。道德具有不确定性、多层次性,缺乏外在强制性(主要靠内在的道德和良知发挥作用)。而法律的确定性、外在强制性则可以为治理国家和社会提供明确的准则与强有力的手段。二是现代法治比中国传统德治具有更强的时代性与先进性。现代法治不排斥道德的应有作用,同时又注入了民主、自由、人权等新的价值元素,因此比中国传统的德治更符合时代特性与要求。[1]

习近平总书记指出,中国特色社会主义法治道路的一个鲜明特色,就是坚持依法治国和以德治国相结合,强调法治和德治两手抓、两手都要硬。道德是非常重要的,在任何时代道德都具有不可替代的作用。没有良好的道德,不仅法治不可能很好地建立起来,而且运行的成本将非常高昂。不仅如此,道德还是法律与法治的伦理基础和正当性根据,很多法律规范本身就是道德的法律化。法治要有效和充分地实现,必须依赖必要的道德基础,否则单纯的法治就会导致社会的灾难。

事业单位工作人员必须在厉行法治的同时,大力弘扬崇高的道德风尚。需要注意的是,我们今天所强调的德治,已经不是中国传统社会德治的含义,更不是要以德治来取代法治,而是强调高度重视社会主义道德的重要作用,发扬社会主义道德风尚,弘扬社会美德。

五、法治与治理有什么关系?

治理是指政治权力的行为方式以及通过某种途径调节政治权力运行的机制。法治和治理密切相关。

---

[1] 《法理学》编写组.法理学[M].2版.北京:人民出版社,高等教育出版社,2020.

第一，法治为社会力量参与治理提供制度基础。制度供给在治理行政中具有重要地位，它决定着社会力量进入社会公共管理的方式和程度。制定相关的法律制度是制度供给的主要部分。法律制度是社会力量介入公共管理的基础与依据。

第二，法治为政府的治理行为提供基本规范。政府本身的治理行为应该具有法律的制度依据，同时它应当也可以依据法律和规章制度，对其他治理主体的行为进行监督、仲裁甚至惩罚。这既是让政府在治理中发挥其应有的效用，也是法治对政府行为的规范与约束。

第三，法治为治理行政与行为提供程序保障。如果我们把行政分为治理行政和专制行政，可以认为治理行政需要法律提供必要的程序保障。治理行政中的程序是极为重要的，它包括程序的制度化以及公开透明，对于各种社会力量的一视同仁与公平对待。法律为治理提供最为严密和严明的程序。

第四，法治为治理的良性推进提供救济路径。政府公务人员及其权力的运行并非都是理性的。因此就要运用法律对政府公务人员的非理性行为进行约束，在社会成员遭受政府不公正对待时为其提供救济措施，以确保公共管理的科学性和合法性。

第五，法治保证治理的服务本质。现代政府应当是法治政府，同时也应当是服务型政府。政府的治理应当体现出其服务的本质，但是政府又常常在不经意间背离自己应有的服务性质。如何保证政府始终具有服务的本质，确保政府始终是服务型政府，是现代法治的重要使命。①

六、怎样理解法治国家的基本内涵？

法治国家至少包含以下三个方面的内涵。

一是党的执政的法治化。在我国，"法治国家"的首要问题是执政党与国家的关系问题。在国家体制中，执政党的权力和组织体系与国家权力结构耦合在一起。正确认识执政党在法治建设中的作用，通过依法执政推动依法治国，是法治国家建设的关键内容。在宏观体制上，党依法执政应当在坚持党的领导的同时，进一步在党章和宪法框架内合理界定执政党与人大、政协之间的关系。在具体机制上，需要健全党领导依法治国的制度和工作机制，完善党确定依法治国方针政策和决策部署的工作机制和程序；完善党委依法决策机制，发挥政策和法律的各自优势，促进党的

---

① 《法理学》编写组.法理学[M].2版.北京：人民出版社，高等教育出版社，2020.

政策和国家法律互联互动；各级党组织和领导干部应维护宪法法律权威和保证宪法法律实施，各级领导干部要对法律怀有敬畏之心，带头遵守法律，带头依法办事，不得违法行使权力，更不能以言代法、以权压法、徇私枉法。

二是国家权力结构和权力关系的法治化。国家中的权力结构和权力关系直接决定了国家的性质和治理方式。国家由谁来掌握权力、政权机构如何组织、权力如何配置和制约、依照何种规则运行等，都属于国家权力结构和权力关系的重要内容。法治国家要求国家权力的合理配置和有效制约，国家权力应当严格依照宪法来设定和配置。按照《中华人民共和国宪法》，我国以人民代表大会制度为根本政治制度，全国人民代表大会在国家权力结构中居于核心地位，它是其他权力的来源和基础，也是我国"宪法法律至上原则"的重要保障。在此基础上，国家管理公共事务的行政权力和解决社会争端的司法权力，都必须服从权力机关所制定的宪法和法律。

三是国家权力运行的法治化。国家权力需要运行起来，才能发挥出真实的治理效能，动态的权力运行才能真实反映国家的法治水平。法治国家不仅要求权力结构和权力关系的"静态法治化"，还要求权力在运行过程中保持"动态法治化"。国家权力的规范运行，是法治国家的必然要求。首先，国家权力的运行需要符合一系列法定原则；其次，国家权力的运行不得违反法律规定的具体方式、途径和程序；最后，法律还对国家权力的行使者设置特定的义务，并对违法行使权力者进行责任追究。总之，法治国家对国家权力运行的原则、过程和结果，都有具体的法律根据和强制力保障，以防法外用权、有权无责或有责难究等问题的发生。[①]

法治国家建设作为安邦固本的基石，离不开国家从上到下的动员和推动。事业单位工作人员是推进法治国家建设的重要力量，要在党中央坚强领导下，汇聚成磅礴的法治力量，持续助力法治中国、法治政府、法治社会一体建设，努力为全面建设社会主义现代化国家、实现中华民族伟大复兴的中国梦提供有力的法治保障。

七、当代中国法治的基本要义是什么？

当代中国法治的基本要义是从中国国情和实际出发，传承中西方古代社会的优秀法治文化，并融汇具有普遍意义的现代法治要素而形成的，比较集中地体现

---

① 张文显主编. 法理学[M]. 5版. 北京：高等教育出版社，2018.

为"科学立法、严格执法、公正司法、全民守法",这十六字既是新时代中国特色社会主义法治的基本要求和法治建设的基本方针,也是一个有机联系的统一整体,囊括了立法、执法、司法、守法四个关键环节,任何一个环节都不可或缺或者偏废。

第一,科学立法。科学立法是新时代法治发展对立法工作的基本要求,它要求立法必须确保内容科学、程序科学,并以程序科学来保障内容科学。这主要是指立法程序科学合理并得到严格执行,立法内容符合客观实际与客观规律,并能有效地促进社会的科学发展。

第二,严格执法。严格执法广义上是指一切执法机关及其工作人员必须严格依照法律的实体规定和程序规定,运用法律处理相关事务,确保法律得到准确实施,既不缺位,也不越位。尤其是各级人民政府作为法律的主要执行机关,必须不折不扣地执行法律。

第三,公正司法。公正司法是指司法机关办理案件,必须从程序和实体两个方面都做到公平正义。公平正义既是司法的核心价值观,也是司法工作的现实目标,要让人民群众在每一个司法案件中都感受到公平正义。

第四,全民守法。全民守法是普遍守法这一法治原则的具体体现,是指所有社会成员都必须一体遵守法律的规定,依法办事、循法而行,不得违反法律,任何组织和个人都没有超越法律的特权。①

事业单位工作人员要始终坚定法治信仰,自觉做到将法治的各项要求内化于心、外化于行,坚持"法"字当头、"干"字为先,在工作中时时刻刻以法律为准绳,规范自身行为、依法履行职责;要不断强化依法治国、依法执政观念,自觉在实践中提高运用法治思维发现问题、思考问题,以及运用法治方式解决问题、推动工作的能力,切实把工作岗位当作用法的平台,积极锤炼提升自身过硬的法治素质。

八、如何理解法治中国?

法治中国是社会主义法治建设的伟大目标(见表1-2)。建设法治中国,其要义是依法治国、依法执政、依法行政共同推进,法治国家、法治政府、法治社会一体建设。建设法治中国,就是要实现中国政治、经济、文化、社会、生态文明等各

---

① 张文显主编.法理学[M].5版.北京:高等教育出版社,2018.

个方面的法治化，实现中国立法、执法、司法、守法、法律监督等各个方面的法治化，建成中国特色社会主义法治体系，建成社会主义法治国家，成为社会主义法治强国。

表1-2　部分党代会和中央全会关于依法治国的表述

党的会议	对依法治国的表述
党的十五大	十五大报告明确提出了"依法治国，建设社会主义法治国家"的治国基本方略和法治发展目标
党的十八届三中全会	全会通过的《中共中央关于全面深化改革若干重大问题的决定》把法治建设的长远目标确定为"推进法治中国建设"，并以此为标题来统领整个法治建设
党的十八届四中全会	全会向全党和全国各族人民发出"向着建设法治中国不断前进""为建设法治中国而奋斗"的号召
党的十九届四中全会	全会通过的《中共中央关于坚持和完善中国特色社会主义制度、推进国家治理体系和治理能力现代化若干重大问题的决定》再一次明确提出"推进法治中国建设"
党的二十大	二十大报告设专章论述"坚持全面依法治国，推进法治中国建设"
党的二十届三中全会	全会通过的《中共中央关于进一步全面深化改革、推进中国式现代化的决定》明确"坚持全面依法治国，在法治轨道上深化改革、推进中国式现代化，做到改革和法治相统一，重大改革于法有据、及时把改革成果上升为法律制度"

九、新中国法治经历了哪些发展阶段？

新中国成立以来的法治发展是一个承前启后、与时俱进、整体发展的历史过程。中国共产党领导人民不断把中国特色社会主义法治推向前进，不断为社会主义法治注入中国元素与时代内涵。中国特色社会主义法治是一篇不断被续写的大文章，是法治在中国的具体实践形式，也是改革开放以来中国法治建设的理论和实践主题。回顾新中国成立以来法治发展的历程，不仅有助于我们梳理总结法治建设的伟大成就和宝贵经验，而且有利于我们坚定中国特色社会主义法治的理念与信心，厘清当前法治工作的历史脉络与思路，推动形成新时代全面依法治国的新局面。

（一）新中国的成立开启了中国法治现代化的新篇章

新中国成立之后，废除国民党旧法统、创设全新的国家制度与人民的新法律，成为新生人民民主政权的迫切要求。党中央首先发出"二月指示"，明确指出司法工作不能再以国民党六法全书为依据，而应该以人民的新的法律为依据。《中国人民政治协商会议共同纲领》规定："废除国民党反动政府一切压迫人民的法律、法令和司法制度，制定保护人民的法律、法令，建立人民司法制度。"

从1949年新中国成立到1956年社会主义改造基本完成，我国经历了从新民主主义国家向社会主义国家转变的过程。这既是伟大而深刻的社会变革时期，也是中国特色社会主义法治道路的奠基时期。

1954年中华人民共和国第一部宪法，初步建构了中国特色的现代国家制度，为中国社会主义基本政治、经济、社会制度的全面确立提供了根本大法保障。宪法颁布之后，毛泽东同志指出其重大意义就在于"用宪法这样一个根本大法的形式，把人民民主和社会主义原则固定下来"。新中国成立初期，国家立法工作开展活跃、成效显著，颁布了中央人民政府组织法、选举法、土地改革法、婚姻法、人民法院组织法、人民检察院组织法、惩治反革命条例等一大批法律文件。这对于建立一种全新的社会主义法律制度与社会秩序有着积极开拓意义。

（二）改革开放之后的社会主义法制建设

从1978年至今，作为改革开放的重要内容，中国开始了社会主义法制建设的历史进程。党的十一届三中全会强调，"为了保障人民民主，必须加强社会主义法制，使民主制度化、法律化，使这种制度和法律具有稳定性、连续性和极大的权威，做到有法可依、有法必依、执法必严、违法必究"。全会还要求，"检察机关和司法机关要保持应有的独立性；要忠实于法律和制度，忠实于人民利益，忠实于事实真相；要保证人民在自己的法律面前人人平等，不允许任何人有超越法律之上的特权"。

1979年，五届全国人大二次会议通过选举法、刑法、刑事诉讼法、地方组织法等七部法律。党中央还就此专门发出《关于坚决保证刑法、刑事诉讼法切实实施的指示》，指出"刑法、刑事诉讼法同全国人民每天的切身利益有密切关系，它们能否严格执行，是衡量我国是否实行社会主义法治的重要标志，因此也更为广大群众所密切注意。各级党委、党的各级领导干部和全体党员，都要充分认识到，这是一个直接关系到党和国家信誉的大问题"。

改革开放之初的社会主义法制建设主要表现为恢复和加强立法工作、努力实现社会主义各项事业有法可依。1982年12月4日，五届全国人大五次会议通过"八二宪法"，把党的十一届三中全会以来的大政方针和成功经验以国家根本大法的形式确定和巩固下来，规定"国家维护社会主义法制的统一和尊严"。关于经济建设与法制建设的关系，邓小平提出"一手抓建设，一手抓法制""两手都要抓"的方针，将社会主义法制建设与经济建设紧密结合起来。这一时期，还确立了社会主义法制的"十六字"方针和法律面前人人平等原则，即"有法可依、有法必依、执法必严、违法必究"和"在法律面前人人平等"。

（三）中国特色社会主义法治的正式提出

随着改革开放进程的不断深入，1997年党的十五大报告正式提出"依法治国，建设社会主义法治国家"。这标志着中国共产党关于社会主义法治问题的认识实现了从"社会主义法制"向"中国特色社会主义法治"的重大转变。1999年，九届全国人大二次会议将"依法治国，建设社会主义法治国家"基本方略以宪法形式规定下来。

2002年，党的十六大报告提出"坚持依法执政，实施党对国家和社会的领导"，在党的历史上第一次提出"依法执政"。2004年，党的十六届四中全会明确指出"依法执政是新的历史条件下党执政的一个基本方式"，并且从领导立法、带头守法、保证执法等方面对党依法执政的基本内涵进行系统阐述。2005年，"民主法治"被确定为社会主义和谐社会的首要标志。2006年，党的十六届六中全会把"民主法制更加完善、依法治国基本方略得到全面落实、人民权益得到切实尊重和保障"作为构建社会主义和谐社会的九大目标任务之首。

2007年，党的十七大报告强调"全面落实依法治国基本方略，加快建设社会主义法治国家"。2008年，《中国的法治建设》白皮书回顾总结了新中国成立以来，特别是改革开放30年以来中国法治建设所取得的令人瞩目的成就。2011年，十一届全国人大四次会议宣布"一个立足于中国国情和实际、适应改革开放和社会主义现代化建设需要、集中体现党和人民意志的，以宪法为统帅，以宪法相关法、民法商法等多个法律部门的法律为主干，由法律、行政法规、地方性法规等多个层次的法律规范构成的中国特色社会主义法律体系已经形成"。这是中国特色社会主义法治进程中一件具有里程碑意义的大事，表明我国国家生活和社会生活各方面基本上实现了有法可依，标志着中国特色社会主义法律制度体系的基本成型。

（四）党的十八大以来法治建设的全面推进

2012年，党的十八大报告继续强调"法治是治国理政的基本方式""坚持党的领导、人民当家做主、依法治国有机统一"，提出加快建设社会主义法治国家，更加注重发挥法治在国家治理和社会管理中的重要作用，而且着重要求"提高领导干部运用法治思维和法治方式深化改革、推动发展、化解矛盾、维护稳定能力"。2013年，党的十八届三中全会作出《中共中央关于全面深化改革若干重大问题的决定》，提出"推进法治中国建设"的战略目标，提出"坚持依法治国、依法执政、依法行政共同推进，坚持法治国家、法治政府、法治社会一体建设"，而且专门就司法工作提出"维护人民权益，让人民群众在每一个司法案件中都感受到公平正义"。2014年，党的十八届四中全会专门作出《中共中央关于全面推进依法治国若干重大问题的决定》。这是在党的历史上第一次以中央全会的高规格形式对法治建设进行研究和部署。该决定旗帜鲜明提出"法治是治国理政不可或缺的重要手段。全面推进依法治国是关系党执政兴国的根本性问题"，要"坚定不移走中国特色社会主义法治道路"。这次全会还专门强调"我国正处于社会主义初级阶段，全面建成小康社会进入决定性阶段，改革进入攻坚期和深水区，国际形势复杂多变，我们党面对的改革发展稳定任务之重前所未有、矛盾风险挑战之多前所未有，依法治国在党和国家工作全局中的地位更加突出、作用更加重大"。以党的十八届四中全会为标志，中国特色社会主义法治进入一个全方位深化、拓展与升级的历史时期。

2015年，党的十八届五中全会提出创新、协调、绿色、开放、共享的新发展理念，强调实现全面建成小康社会奋斗目标，推动经济社会持续健康发展，必须遵循"坚持依法治国"的原则，要求"运用法治思维和法治方式推动发展，全面提高党依据宪法法律治国理政、依据党内法规管党治党的能力和水平"。2016年，党的十八届六中全会分析了全面从严治党面临的形势和任务，认为办好中国的事情，关键在党，关键在党要管党、从严治党，并由此引出依法治国与从严治党的历史性命题。[1]

---

[1] 封丽霞. 新中国法治70年：历程、轨迹与展望[J]. 公民与法（综合版），2019（10）.

2022年，党的二十大报告全面回顾过去五年的工作和新时代十年的伟大变革，对党的十八大以来全面依法治国的历史性成就和变革作了系统总结，即社会主义法治国家建设深入推进，全面依法治国总体格局基本形成，中国特色社会主义法治体系加快建设，司法体制改革取得重大进展，社会公平正义保障更为坚实，法治中国建设开创新局面。党的二十大报告擘画了法治建设的壮美蓝图，对全面建成社会主义现代化强国两步走战略安排进行了宏观展望，确定了到2035年我国发展的总体目标和未来五年的主要目标任务，明确将"中国特色社会主义法治体系更加完善"作为未来五年主要目标任务之一，并在党的十九大报告基础上再次重申到2035年"基本建成法治国家、法治政府、法治社会"的总体目标要求，为新时代推进全面依法治国擘画了宏伟蓝图、确立了奋斗方向。[①]

2024年，党的二十届三中全会强调，法治是中国式现代化的重要保障。必须全面贯彻实施宪法，维护宪法权威，协同推进立法、执法、司法、守法各环节改革，健全法律面前人人平等保障机制，弘扬社会主义法治精神，维护社会公平正义，全面推进国家各方面工作法治化。

第三节　如何提升法治思维

一、什么是法治思维？

法治思维是按照法治的逻辑来观察、分析和解决社会问题的思维方式，是一种规范性思维，具有强烈的规范性和程序性特点。

法治思维的标准是权力行使的合法性，是将法治精神、原则、理念和要求运用于具体社会问题，进行分析和判断、形成决策和行为的过程。

法治思维的目的是保障公民的人权。尊重和保障人权是法治思维的最终目标，是法治思维活动展开之后的最后归属和"落脚点"。

[①] 熊选国.深入学习贯彻党的二十大精神　在党和国家事业发展布局中更好发挥法治保障作用[J].中国法治，2023（1）.

法治思维是一种具体化的思维过程，法治思维的展开是思维主体将其大脑中已有的法治精神、原则、理念和要求等抽象性的思维成果，运用于社会中具体问题的分析，进而将具体问题予以适度抽象，形成决策的过程。①

二、事业单位工作人员应具备哪些基本的法治思维能力？

事业单位工作人员应具备以下四方面的法治思维能力。

一是坚持合法性思维。事业单位工作人员要崇尚法治、尊重法律，善于运用法律手段解决问题和推进工作，在行使职权时要关注权力行使的目的是否合法、权限是否合法、内容是否合法、手段是否合法、程序是否合法。

二是坚持平等思维。事业单位工作人员要抛弃特权思想，自觉将自己置于法律的监督和制约之下，实施法律的过程中更要落实平等原则，任何人不得凌驾于法律之上，不得有法外特权。

三是坚持权力受制约思维。拥有公权力的事业单位工作人员要慎重行使手中的权力，将自己的行为置于法律监督约束之下，避免逾越特定的边界。

四是坚持程序思维。事业单位工作人员分析问题和处理问题要按照法定程序进行。在此过程中，应充分认识到遵循科学、合理的法定程序的必要性，尤其是违反法定程序的法律后果，从而防范破坏法定程序的行为。②

三、事业单位为什么要加强法治培训？

法治培训是事业单位工作人员提升法治思维和依法办事能力的重要途径。法治培训以线上或线下的方式，采用讲授、观摩、实习等手段使受训者掌握法律知识，树立法治思维。通过法治培训，事业单位工作人员可以树立法治思维，获得基本的法律知识和运用技能。在实践中，受训者必须认真对待培训，积极准备，在培训规定的时间内完成相应的任务，积极向培训老师请教，将法治培训中学到的法律知识与本职工作相结合。

事业单位应将法治培训常规化、制度化，要根据中共中央组织部、人力资源社会保障部制定的《事业单位工作人员培训规定》制定本单位法治培训规定。同时，将法治培训纳入干部考核、晋升的内容。不断总结培训经验，探索形成适合本单位

---

① 韩春晖.论法治思维[J].行政法学研究，2013（3）.
② 朱景文.法理学[M].4版.北京：中国人民大学出版社，2021.

实际、能提升培训效果的模式。

四、事业单位工作人员如何加强日常学法用法？

日常学法用法包括三个层面，第一个层面是日常，第二个层面是学法用法，第三个层面是效果评估。第一个层面强调学法用法不是一时兴起，不是运动式的应对检查，不是搞形式主义，而是将学法用法作为日常工作的一部分，作为一种常态，并且上升为单位的规章制度。第二个层面是指学法是前提，用法是目的，学以致用。懂得法律知识、树立法治思维的关键是将法律知识和法治思维贯彻到自己的工作之中，提升依法办事的能力和水平。第三个层面涉及评估日常学法用法的效果，评估标准分为主观标准和客观标准。客观标准一般是数据、表格等客观指标，主观标准主要是执法对象的评价，两者的有机结合可在一定程度上衡量事业单位工作人员法治思维和依法办事的真实水平。

日常学法用法的关键在于事业单位工作人员中作为"关键少数的"领导干部要以身作则，当好领头羊，起带头模范作用。只要领导干部认识到法律知识和法治思维的重要性，将这种重要性与领导工作结合起来，就能更加有效地影响普通工作人员学法用法的积极性和主动性。例如，某地出台有关学法用法的规定，将领导干部集体学法制度、日常学法制度与线上学法相结合，为事业单位工作人员日常学法用法提供了很好的模式。其他事业单位工作人员在日常学法用法中也发挥着重要作用，是推动事业单位法治化建设的重要保障。

第二章
全面依法治国

第一节 全面依法治国的概念

一、全面依法治国的内涵是什么？

全面依法治国是依法治国在新时代的深入推进和最新发展，是国家治理领域的一场深刻革命，其内涵主要包括以下十一个方面。

第一，党的领导是全面依法治国的根本保证。党的领导是我国法治同西方资本主义法治最大的区别，坚持中国特色社会主义法治道路，最根本的是坚持党的领导，只有在党的领导下，我国社会主义法治建设才能发生历史性变革、取得历史性突破。

第二，坚持以人民为中心，是全面依法治国的根本立场。坚持以人民为中心，坚持人民主体地位，是我们的制度优势，是中国特色社会主义法治区别于资本主义法治的根本所在。

第三，中国特色社会主义法治道路是全面依法治国的唯一正确道路。推进全面依法治国，绝不照搬别国模式和做法，绝不走西方所谓"宪政""三权鼎立""司法独立"的路子。

第四，全面贯彻实施宪法是全面依法治国的首要任务。坚持依宪治国、依宪执政，全面贯彻实施宪法，是全面依法治国的首要任务和基础性工作。

第五，在法治轨道上推进国家治理体系和治理能力现代化是全面依法治国的时代使命。法治是国家治理体系和治理能力的重要依托，要更好发挥法治固根本、稳预期、利长远的重要作用。

第六，建设中国特色社会主义法治体系，建设社会主义法治国家，是全面依法治国的总目标、总抓手。

第七，依法治国、依法行政、依法执政共同推进，法治国家、法治政府、法治社会一体建设是全面依法治国的工作布局。全面依法治国是一个系统工程，法治国家是法治建设的目标，法治政府是建设法治国家的主体，法治社会是构筑法治国家的基础。

第八，全面推进科学立法、严格执法、公正司法、全民守法，是全面依法治国的重要环节。在此过程中，需要从传统的"有法可依、有法必依、执法必严、违法必究"向"科学立法、严格执法、公正司法、全民守法"进行历史性转型。

第九，统筹推进国内法治和涉外法治是全面依法治国的迫切任务。更好维护国家主权、安全、发展利益，坚定维护以联合国为核心的国际体系、以国际法为基础的国际秩序，综合利用立法、执法、司法等手段开展斗争。

第十，建设德才兼备的高素质法治工作队伍是全面依法治国的基础性保障。提高法治工作队伍思想政治素质、业务工作能力、职业道德水准，建设一支忠于党、忠于国家、忠于人民、忠于法律的社会主义法治工作队伍，特别是建设一支政治过硬、业务过硬、责任过硬、纪律过硬、作风过硬的政法队伍。

第十一，抓住领导干部这个"关键少数"，是全面依法治国的关键所在。领导干部是全面依法治国的关键，在全面依法治国中肩负重要责任，是尊法学法守法用法的模范，党政主要负责人是履行推进法治建设第一责任人。[①]

二、如何认识和处理全面依法治国一系列重大关系？

全面依法治国涉及一系列重大关系，这些重大关系主要是政治和法治、改革和法治、发展和安全、法治和德治、依法治国和依规治党等。

政治和法治的关系涉及法治建设的正确方向，是法治理论的核心问题。社会主义法治必须坚持党的领导，党的领导必须依靠社会主义法治。

改革和法治的关系是全面深化改革和全面依法治国辩证关系的集中体现。坚持在法治下推进改革、在改革中完善法治，引领全面深化改革和全面依法治国相辅相成、相互促进、相得益彰。

---

① 《习近平法治思想概论》编写组.习近平法治思想概论[M].北京：人民出版社，2021.

发展和安全的关系涉及党治国理政的重大原则,应坚持总体国家安全观,统筹发展和安全,健全国家安全法律法规,完善国家安全制度体系,建设更高水平的平安中国,确保社会主义现代化事业顺利推进。

法治和德治是两种重要的治理方式,应充分发挥法律的规范作用、道德的教化作用,一手抓法治、一手抓德治,实现依法治国和以德治国相辅相成、相得益彰。

依法治国和依规治党具有互补性。发挥依法治国和依规治党的互补性作用,确保党既依据宪法法律治国理政,又依据党内法规管党治党、从严治党。依法治国与依规治党统筹推进、一体建设是依法执政的必然要求,也是依法执政的显著优势。[1]

三、新中国从重视法治到全面依法治国经历了怎样的历程?

新中国成立后,在社会主义革命、社会主义建设时期,我们党领导人民制定了"五四宪法"和国家机构组织法、选举法、婚姻法等一系列重要法律法规,建立起社会主义法制框架体系,确立了社会主义司法制度。进入改革开放历史新时期,我们党提出"有法可依、有法必依、执法必严、违法必究"的方针,强调依法治国是党领导人民治理国家的基本方略、依法执政是党治国理政的基本方式,不断推进社会主义法治建设。

党的十八大以来,党中央明确提出全面依法治国,并将其纳入"四个全面"战略布局予以有力推进。党的十八届四中全会专门进行研究,作出关于全面推进依法治国若干重大问题的决定。党的十九大召开后,党中央组建中央全面依法治国委员会,从全局和战略高度对全面依法治国又作出一系列重大决策部署,推动我国社会主义法治建设发生历史性变革、取得历史性成就。2020年11月,中央全面依法治国工作会议召开,这是党的历史上首次召开的中央全面依法治国工作会议,这次会议将习近平法治思想明确为全面依法治国的指导思想。2021年10月,中央人大工作会议召开,这是党的历史上首次召开的中央人大工作会议,这次会议提出要坚持和完善人民代表大会制度、不断发展全过程人民民主、深入推进全面依法治国并作出重大部署,强调要全面贯彻实施宪法、维护宪法权威和尊严,加快完善中国特色社会主义法律体系,以良法促进发展、保障善治等。

---

[1] 王晨. 坚持以习近平法治思想为指导谱写新时代全面依法治国新篇章[J]. 求是,2021(3).

2022年10月,党的二十大报告首次将全面依法治国作为专章进行论述和专门部署,强调全面依法治国是国家治理的一场深刻革命,提出在法治轨道上全面建设社会主义现代化国家。

四、全面依法治国有何时代意义?

全面依法治国是国家治理的一场深刻革命,是坚持和发展中国特色社会主义的本质要求和重要保障,关系党执政兴国,关系人民幸福安康,关系党和国家长治久安。必须更好发挥法治固根本、稳预期、利长远的保障作用,在法治轨道上全面建设社会主义现代化国家。

在协调推进"四个全面"战略布局中,全面依法治国具有基础性、保障性作用。处在实现"两个一百年"奋斗目标的历史交汇期,坚持和发展中国特色社会主义更加需要依靠法治,更加需要加强党对全面依法治国的领导。从党的十八届四中全会制定推进全面依法治国的顶层设计、路线图、施工图,到党的十九届四中全会提出坚持和完善中国特色社会主义法治体系;从把全面依法治国纳入"四个全面"战略布局,到在党的历史上第一次设立中央全面依法治国委员会,以习近平同志为核心的党中央坚持实现党领导立法、保证执法、支持司法、带头守法,健全党领导全面依法治国的制度和工作机制,推进党的领导制度化、法治化,把党的领导贯彻到全面依法治国全过程和各方面,善于使党的主张通过法定程序成为国家意志、转化为法律,通过法律保障党的政策有效实施,确保了全面依法治国正确方向。①

总之,事业单位工作人员要充分理解全面依法治国的内涵,就必须坚持马克思主义立场、观点和方法,把辩证唯物主义和历史唯物主义运用于法治领域;必须坚持中国特色社会主义法治道路,在实现全面依法治国过程中坚持党的领导,提升自身法律素养,严格依法办事;充分理解我国从重视法治到全面依法治国的历程,坚守法治信念、树立法治信心,将本职工作与全面依法治国相结合,在时代背景下将法治思维贯穿于日常工作中,为实现全面依法治国的目标贡献一份力量。

---

① 人民日报评论员.书写新时代全面依法治国新篇章[N].人民日报,2020-11-16(4).

第二节 全面推进依法治国的总目标

一、全面推进依法治国的总目标是什么？

党的十八届四中全会提出，全面推进依法治国的总目标是建设中国特色社会主义法治体系，建设社会主义法治国家。在中国共产党领导下，坚持中国特色社会主义制度，贯彻中国特色社会主义法治理论，形成完备的法律规范体系、高效的法治实施体系、严密的法治监督体系、有力的法治保障体系，形成完善的党内法规体系，坚持依法治国、依法执政、依法行政共同推进，坚持法治国家、法治政府、法治社会一体建设，实现科学立法、严格执法、公正司法、全民守法，促进国家治理体系和治理能力现代化。

党的十八届四中全会将建设中国特色社会主义法治体系作为全面推进依法治国的总目标，向国内外鲜明宣示我们将坚定不移走中国特色社会主义法治道路，要建设的法治体系是坚持党的领导、坚持中国特色社会主义制度、贯彻中国特色社会主义理论的中国特色社会主义法治体系，而不是照搬西方国家的法治体系和法治模式。建设中国特色社会主义体系为建设社会主义法治国家夯实了基础。

全面推进依法治国总目标，要求包括事业单位工作人员在内的全党全国人民进一步明确方向、保持定力、坚定步伐，将自身工作与全面推进依法治国总目标对标对表，扎实有序地推进各项工作，在法治轨道上推进国家治理体系和治理能力现代化。

二、如何理解全面推进依法治国的总目标？

党的十八届四中全会关于全面推进依法治国总目标的表述，既有高度浓缩的概括，又有具体阐述和展开，既确定了全面推进依法治国的性质和方向，又明确了依法治国的重点和总抓手。它包括以下四个方面的内容。

一是坚持正确的法治方向，即在中国共产党的领导下，坚持中国特色社会主义制度，贯彻中国特色社会主义法治理论。这是实现总目标的前提条件。

二是牢牢掌握基本抓手，即形成法治体系，包括法律规范、法治实施、法治监督、法治保障、党内法规五大体系。

三是遵循基本的建设路径，即坚持依法治国、依法执政、依法行政共同推进，坚持法治国家、法治政府、法治社会一体建设。其中，共同推进强调的是党政机关及其活动的共同法治化；一体建设强调的是公权力机关与社会组织和个人均受法治所规约。

四是实现两项基本要求，即实现科学立法、严格执法、公正司法、全民守法；促进国家治理体系和治理能力现代化。

以上四个方面既细化了全面推进依法治国总目标，又描绘了法治中国基本蓝图。

三、如何全面推进依法治国？

习近平总书记指出：提出这个总目标，既明确了全面推进依法治国的性质和方向，又突出了全面推进依法治国的工作重点和总抓手。党的二十大报告进一步强调，坚持全面依法治国，推进法治中国建设。我们要坚持走中国特色社会主义法治道路，建设中国特色社会主义法治体系、建设社会主义法治国家，围绕保障和促进社会公平正义，坚持依法治国、依法执政、依法行政共同推进，坚持法治国家、法治政府、法治社会一体建设，全面推进科学立法、严格执法、公正司法、全民守法，全面推进国家各方面工作法治化。

完善以宪法为核心的中国特色社会主义法律体系。加强宪法实施和监督。加强重点领域、新兴领域、涉外领域立法。推进科学立法、民主立法、依法立法。

扎实推进依法行政。转变政府职能，优化政府职责体系和组织结构，提高行政效率和公信力。全面推进严格规范公正文明执法。

严格公正司法。深化司法体制综合配套改革，全面准确落实司法责任制，加快建设公正高效权威的社会主义司法制度，努力让人民群众在每一个司法案件中感受到公平正义。

加快建设法治社会。弘扬社会主义法治精神，传承中华优秀传统法律文化，引导全体人民做社会主义法治的忠实崇尚者、自觉遵守者、坚定捍卫者，努力使尊法学法守法用法在全社会蔚然成风。

四、如何加强和改善党对全面依法治国的领导？

党的领导是全面依法治国的保证，是我国社会主义法治之魂。坚持党对全面依法治国的领导关键是要加强和改善党对依法治国的领导，可从以下方面推进。

加强党对全面依法治国的统一领导、统一部署、统筹协调，具体包括党中央对全面依法治国集中统一领导，党的地方委员会在本地区法治建设中发挥领导核心作用，党政主要负责人履行推进法治建设第一责任人职责。

把党的领导贯彻到全面依法治国全过程和各方面，具体包括党领导立法、保证执法、支持司法、带头守法。

推进党的领导入法入规，实现党的领导制度化、法治化。

坚持依法治国和依规治党的有机统一。依规治党是依法治国的引领和保障，依法治国是依规治党的基础和依托，两者具有内在统一性。治国必先治党，治党务必从严，从严必依法度。党员不仅要严格遵守法律法规，而且要严格遵守党章等党内法规，对自己提出更高要求。

总之，全面推进依法治国，离不开广大事业单位工作人员的共同努力。一方面，事业单位工作人员应全面准确把握加强和改善党对全面依法治国的领导方式，领会"东西南北中，党是领导一切的"的要旨，树立在全面依法治国过程中党的领导不可动摇的政治思维。另一方面，事业单位工作人员应在深刻理解全面推进依法治国总目标的前提下，树立法治思维，遵循各种规章制度，立足本单位实际，结合与本职工作有关的法律法规和规章制度，身体力行，运用法治手段解决问题，做好自己的本职工作。

第三章
中国特色社会主义法律体系

第一节 法 律 体 系

一、什么是法律体系？有哪些特征？

法律体系是指一个国家的全部现行法律规范，按照一定的原则和要求，根据法律规范的调整对象和调整方法的不同，划分为若干法律部门，形成相互有机联系内在统一的整体。一个国家只有一个法律体系。国家法律体系的建立与完善，是实行依法治国的前提和基础。

法律体系具有以下三个特征。

第一，法律体系的性质是由社会制度的性质决定的。一国的法律体系通常是一个国家在一定的历史发展阶段所形成的。

第二，法律体系的内容是由国家的国情决定的。不同社会形态的法律体系并不相同，同一社会形态的法律体系、同一国家同一社会制度在不同历史时期的法律体系也不完全相同。

第三，法律体系的发展是由社会实践的发展决定的。社会实践是法律的基础，法律是实践经验的总结，并随着社会实践的发展而不断发展。①

一国的法律规范所调整的社会关系是多种多样的，这些法律规范的外部表现形式可能十分复杂，但这些法律规范之间仍存在着内在的协调和统一。一国现行法律

---

① 《法理学》编写组.法理学［M］.2 版.北京：人民出版社，高等教育出版社，2020.

规范之间的这种协调和统一,从根本上说取决于其经济基础、国家制度,是反映在法律规范中的国家意志的统一。法律的这种协调和统一,保证着法律规范调整的共同目的和政治倾向。

与事业单位工作人员有关的法律规范是我国法律体系的重要组成部分,这些法律规范尽管在形式上多种多样,但内部具有一定的协调性和统一性,都是围绕事业单位工作人员的权利义务、责任、奖惩、任职资格、福利待遇等各个方面进行规定,其与调整其他领域的法律规范一道,构成完整意义上的中国特色社会主义法律体系。

把握涉及事业单位工作人员的法律规范需注意以下两个方面。一是其在立法上表现为法律、行政法规、地方性法规与自治条例和单行条例、国务院部门规章以及地方政府规章在内的规范性文件。二是其从内容上可以分为涉及领导人员管理方面的,如《事业单位领导人员管理规定》;聘用制度方面的,如《事业单位岗位设置管理试行办法》;工资福利方面的,如《职工带薪年休假条例》;社会保险方面的,如《国务院关于机关事业单位工作人员养老保险制度改革的决定》;以及争议解决等方面的法律规范。这些法律规范又在一定程度上形成一个完整的法律体系。

二、法律体系中法律规范的协调性和统一性有哪些表现?

法律规范的协调性和统一性表现在以下四个方面。第一,调整社会关系的法律思想、法律原则和法律概念是统一的;第二,法律位阶较高的法律规范(如宪法)在法律位阶较低的法律规范(如地方性法规、规章)中得到具体化,法律规范之间存在纵向的等级从属关系;第三,法律规范之间还存在横向的协调、协作关系;第四,法律规范之间相互联系和制约,遵守、适用或者违反一些法律规范,会引起另一些法律规范发生作用。

同时,由于法律规范所调整的社会关系是多种多样的,内在统一的法律规范也必然分成不同的相对独立的部分,这些部分在法律调整中发挥着相对独立的作用,因此,一国法律规范,在统一的基础上又存在差别,这种差别表现为法律体系分为不同的法律部门、子部门和制度。许多规范构成制度,许多制度构成部门,许多部门又构成一国现行法律规范的整个系统,这就是法律体系。[①]

---

① 朱景文.法理学[M].4版.北京:中国人民大学出版社,2021.

调整事业单位工作人员的法律规范也具有协调性和统一性。在法律位阶层面，既有宪法、法律、行政法规，也有地方性法规、部门规章，处于下位的法往往是为落实上位法而进行的细化，它们之间遵循上位法优于下位法，下位法不得与上位法冲突的原则。在调整领域方面，包括事业单位工作人员的收入分配、干部培训、职称改革、养老保险、绩效评价、聘用、违纪违规处理、回避、申诉等方面。这些领域相互独立，但又形成不可分割的整体。

三、法律体系与立法体系、法治体系有哪些区别？

（一）法律体系与立法体系的区别

法律体系是指历史地形成的法的内部结构，而立法体系（或称规范性文件体系、法律渊源体系）则是指法的外在表现形式的系统，二者是内容与形式的关系。立法体系反映法律体系，以法律体系为基础，但并不等于法律体系。二者的区别主要表现在以下四个方面。

一是构成方面。法律体系的基本构成要素是法律规范和法的部门，法律体系是立法者最理想的样式。立法体系的基本构成要素是法律条文及规范性文件，立法体系是现实法律文件的组合体。

二是主客观方面。法律体系中不以立法者的意志为转移的客观因素起主要作用，立法体系中主观因素起更大的作用，立法者在建立立法体系时不仅要遵循法的逻辑，而且要考虑其他因素。

三是稳定性方面。法律体系的稳定性大，立法体系的稳定性小。

四是结构方面。法律体系包括规范、制度、部门群、部门、子部门，立法体系包括宪法、法律、行政法规、地方性法规。

与事业单位工作人员有关的法律体系和立法体系也是如此。比如，作为立法体系重要组成部分的劳动法、劳动合同法、工伤保险条例、干部人事档案工作条例等皆经过多次修改，是因为这些法律必须根据客观实际情况进行相应的调整，以体现立法者的意志。从另一个角度来看，与事业单位工作人员有关的法律规范，作为法律体系的组成部分，以经济社会为基础，具有较高的客观性和稳定性，它不以立法者的意志为转移。

(二)法律体系与法治体系的区别

中国特色社会主义法治体系是由社会主义法治的各个方面有机构成的统一整体,具体包括法律规范体系、法治实施体系、法治监督体系、法治保障体系、党内法规体系。因此,从范围上而言,法律规范体系即法律体系是法治体系的重要组成部分,一个完善的法律体系是建立法治体系的前提。法治实施体系是将法律规范落实到现实生活而形成的体系,包括行政执法、司法审判、非诉讼纠纷解决机制。法治监督体系是监督立法、司法、行政活动而形成的体系。法治保障体系是保障法治所采取的方法、措施、规范所组成的体系。党内法规体系是由中国共产党制定的规范体系,在健全和完善过程中受法律体系的影响。

与"法律体系"作为中性概念不同,"法治体系"概念包括保障人权、制约公权、促进公正、维护稳定、推动发展等价值内涵。从形态上而言,法律体系又不同于法治体系,法律体系是法律的规范体系,法治体系则是法律的运行体系,一个是静态,一个是动态。法治体系不仅包括立法、执法、司法、守法等法律实施环节,而且包括保证法律体系运行的保障机制和监督机制,体现了全面推进依法治国的整体要求。[①]

与事业单位工作人员有关的法律体系是中国特色社会主义法律体系的重要组成部分,也是法治体系的重要内容。法律的生命在于实践,与事业单位工作人员有关的法律体系必须经过实践,通过执法、司法、守法才能转化为具体的权利和义务。法治强调权利与义务的统一,强调良法善治,与事业单位工作人员有关的法律体系也必然根据这一准则适时进行立改废释,一方面促进事业单位工作人员履行义务,另一方面保障事业单位工作人员的权利,实现公正。

四、法律体系分类的标准有哪些?

法律体系可以划分为不同的相对独立的部门,即法律部门。法律部门是调整因其自身性质而要求有同类调整方法的社会关系的法律规范的总和。每个法律部门都因其调整的社会关系及调整方法的不同而与其他部门既相互区别,又相互联系,协调统一。

划分法律部门的首要标准是法律调整对象,即法律所调整的社会关系。法律调整对象并不能把一切法律部门区分开来。因此,法律部门的划分还应有另一个标准,即

---

① 朱景文. 法理学 [M]. 4版. 北京:中国人民大学出版社,2021.

法律调整方法。法律调整方法是作用于一定社会关系的特殊的法律手段和方法的总和，具体包括确定权利义务的方式、方法，权利和义务的确定性程度和权利主体的自主性程度，法律事实的选择，法律关系主体的地位和性质，保障权利的手段和途径。[①]

五、社会主义初级阶段法律体系的基本原则有哪些？

社会主义初级阶段法律体系有以下三个基本原则。

第一，协调和统一的原则。社会主义初级阶段的法律体系，要在统一基础上，协调和反映全国人民各方面的利益和要求。首先，社会主义初级阶段多样化的利益要求需要协调和统一。其次，不同地区的发展要求需要协调和平衡。最后，整个社会的稳定和发展需要协调和保证。

第二，符合客观规律的原则。社会主义初级阶段法律体系要反映我国社会主义发展的客观现实。法律体系不是要创造社会关系，而是现实社会关系对上层建筑的客观要求。

第三，既要从本国的实际出发，又要与国际法律体系相协调的原则。社会主义初级阶段的法律体系，既要总结中国特色社会主义建设的实践经验，又必须与我国政府签署、国家最高权力机关批准的有关国际公约协调一致。[②]

总之，事业单位工作人员在了解社会主义初级阶段法律体系基本原则的基础上，一方面应正确看待与我国事业单位工作人员有关的法律本身的框架、内容、优点和不足；另一方面，通过了解与自身有关的法律处于何种法律部门，加深对本身职位、部门性质、工作目标、使命和担当方面的理解和认同。

第二节　中国特色社会主义法律体系

一、中国特色社会主义法律体系与社会主义市场经济的关系是什么？

"中国特色社会主义法律体系"作为一个概念，是在我国改革开放和社会主义市

[①②] 朱景文.法理学［M］.4版.北京：中国人民大学出版社，2021.

场经济体制的产生、发展和完善背景下产生的。中国特色社会主义法律体系与改革开放和社会主义市场经济体制之间是上层建筑与经济基础的关系,前者产生于后者并为后者服务。

换言之,改革开放和社会主义市场经济体制的确立以及取得的成就需要中国特色社会主义法律体系进行确认、维护、保障,同时,对破坏或有损于改革开放和社会主义市场经济体制的各种各类行为,需要中国特色社会主义法律体系进行事先预防、事后的处理和制裁。随着改革开放和社会主义市场经济体制的发展和逐步完善,与之相应的中国特色社会主义法律体系在"建设""逐步建立"的基础上,也要继续"健全""完善""深入推进"和"加强"。

二、中国特色社会主义法律体系提出的背景和发展历程是怎样的?

1984年,全国人大常委会法工委提出"为建设具有中国特色社会主义法律体系而努力"的奋斗目标,这是我国首次提出"中国特色社会主义法律体系"这一概念。1992年10月召开的党的十四大提出"建立社会主义市场经济体制",在此背景下,与之配套的社会主义法律体系开始提上日程,并在党和国家会议上确定为建设的任务。在2011年中国特色社会主义法律体系形成后,对该体系的健全和完善又成为新时期的重要任务。

中国特色社会主义法律体系的发展历程如下。

1984年,全国人大常委会法工委提出,为建设具有中国特色社会主义法律体系而努力。

1993年,八届全国人大常委会第一次会议提出,在20世纪90年代,要初步建立起社会主义市场经济的法律体系。

1997年,党的十五大提出,加强立法工作,提高立法质量,到2010年形成有中国特色社会主义法律体系。

2000年,中共中央政治局会议指出,社会主义法制建设取得重大进展,形成了有中国特色社会主义法律体系框架,要确立与之相适应的社会主义法律体系。

2002年,党的十六大提出,到2010年形成中国特色社会主义法律体系。

2007年,党的十七大提出,要坚持科学立法、民主立法,完善中国特色社会主义法律体系。

2008年,党的十七届二中全会提出,坚持科学立法、民主立法,完善中国特色社会主义法律体系。

2011年，十一届全国人大四次会议宣布，中国特色社会主义法律体系已经形成。

2012年，习近平总书记在首都各界纪念现行宪法公布施行三十周年大会上提出，继续完善以宪法为统帅的中国特色社会主义法律体系。

2014年，党的十八届四中全会提出，完善以宪法为核心的中国特色社会主义法律体系。

2017年，党的十九大提出，完善以宪法为核心的中国特色社会主义法律体系。

2019年，党的十九届四中全会提出，完善以宪法为核心的中国特色社会主义法律体系。

2020年，党的十九届五中全会提出，完善以宪法为核心的中国特色社会主义法律体系。

2021年，党的十九届六中全会提出，加快完善以宪法为核心的中国特色社会主义法律体系。

2021年，习近平总书记在十九届中央政治局第三十五次集体学习时提出，逐步形成以宪法为核心的中国特色社会主义法律体系。

2022年，党的二十大提出，完善以宪法为核心的中国特色社会主义法律体系。

三、中国特色社会主义法律体系的形成有什么重要意义？

2011年3月10日，时任全国人大常委会委员长的吴邦国在十一届全国人大四次会议上宣布，中国特色社会主义法律体系已经形成。认识中国特色社会主义法律体系形成的意义，对于深入理解中国特色社会主义法律体系的内涵、地位以及完善和发展中国特色社会主义法律体系具有重要价值和意义。

第一，为依法治国提供基本前提。一个国家的现代化必须也必然包括法治的现代化，换言之，一个国家法治现代化的程度是衡量该国现代化的重要指标，而依法治国、建设社会主义法治国家是实现法治现代化的重要途径。因此，中国特色社会主义法律体系所包括的全部法律规范、确立的各项法律制度，为依法治国、加快建设社会主义法治国家奠定了有法可依的前提和重要依据。

第二，保证了改革开放的正确方向。中国特色社会主义法律体系的形成，对改革开放以来取得的胜利成果进行了法律层面的确认，并从宪法和法律角度对国家始终坚持改革开放的正确方向进行了规定，为改革不走回头路提供了坚强的法律支撑。

更为重要的是，对影响和阻碍改革开放继续进行的带有根本性、全局性、稳定性、长期性的问题从法律层面（比如，宪法对改革开放、国家机构等方面的规定；民法典对人格权、物权等方面的规定；劳动法对劳动合同、劳动争议处理等方面的规定；刑法对破坏社会主义市场经济秩序等方面的规定等）提供了解决方案。

第三，为进一步巩固和完善中国特色社会主义、保证人民当家做主、创新实践提供法律保障。中国特色社会主义法律体系的形成一方面确认、巩固了中国特色社会主义制度，另一方面为其继续完善和发展提供了法律基础和制度保障。

四、中国特色社会主义法律体系的基本框架是什么？

全国人大常委会将中国特色社会主义法律体系从纵向上划分为在宪法居于法律体系核心地位和统帅作用下的法律、行政法规、地方性法规三个层次；根据调整对象及方法的不同，在宪法之下，从横向上分为宪法相关法、民法商法、行政法、经济法、社会法、刑法、诉讼与非诉讼程序法等七个法律部门。三个层次是法律规范的外在表现及法律渊源层面，七个法律部门是以法律规范为核心的法律结构层面。

（一）宪法相关法

宪法相关法是与宪法相配套、直接保障宪法实施和国家政权运作等方面的法律规范的总和，包括国家机构的产生、组织、职权和基本工作制度的法律；有关民族区域自治、基层民主自治、特别行政区高度自治的法律；有关维护国家主权和安全方面的法律；有关保障公民基本政治权利的法律。

（二）民法商法

民法商法是规范民事、商事活动的法律规范的总和，调整的是自然人、法人和其他组织之间以平等地位而发生的各种社会关系。民法商法部门大体可分为民法、商法和知识产权法三个方面的法律规范。民法调整平等主体的自然人之间、法人之间、自然人与法人之间的财产关系与人身关系，包括物权、债权、人格权、婚姻家庭、继承、侵权责任等方面的法律规范。商法是在民法基本原则基础上适应现代商事活动的需要逐渐发展起来的，包括公司、破产、证券、期货、保险、票据、海商等方面的法律规范。知识产权法调整知识产权的取得、使用、管理和保护所产生的社会关系,包括著作权、专利权、商标权等方面的法律规范。

(三) 行政法

行政法是规范行政管理活动的法律规范的总称,调整行政主体与行政相对人之间因行政管理活动而发生的法律关系。行政法包括有关行政主体、行政行为、行政程序、行政监督以及国家公务员制度等方面的法律规范。

(四) 经济法

经济法是调整因国家从社会整体利益出发对市场经济活动实行干预、管理、调控所产生的社会关系的法律规范的总称。经济法可分为综合职能管理法和行业经济管理法两个部分。综合职能管理法包括预算、审计、统计、会计价格、反垄断、银行、反洗钱、税收、产品质量、计量、标准化等方面的法律规范。行业经济管理法包括农业、林业、畜牧业、工业、贸易、交通等各个产业的法律规范。

(五) 社会法

社会法调整的是政府与社会之间、社会不同部分之间的法律关系,是规范劳动关系、社会保障、社会福利和特殊群体权益保障等方面的法律规范的总称。社会法包括劳动保障法、社会保障法、社会公益与慈善法三个方面,劳动保障法主要包括劳动、劳动合同、工会、就业促进、职业病防治、安全生产等方面的法律规范;社会保障法主要包括社会保险和特殊群体权益保障(如残疾人、未成年人、老年人、妇女权利保障)等方面的法律规范;社会公益与慈善法包括公益事业捐赠、红十字会、社会救助等方面的法律规范。

(六) 刑法

刑法是规范犯罪、刑事责任和刑事处罚的法律规范的总称。除刑法外,刑法部门广义上还包括预防犯罪、改造犯罪方面的法律规范,如预防未成年人犯罪法、监狱法、社区矫正法等。

(七) 诉讼与非诉讼程序法

诉讼与非诉讼程序法是规范解决社会纠纷的诉讼活动与非诉讼活动的法律规范

的总称。主要包括民事诉讼法、刑事诉讼法、行政诉讼法、海事诉讼特别程序法、引渡法、仲裁法、劳动争议调解仲裁法、人民调解法等。

五、中国特色社会主义法律体系与法律体系、立法体系之间是什么关系？

（一）中国特色社会主义法律体系与法律体系的关系

从逻辑上看，法律体系是中国特色社会主义法律体系的上位概念，两者是种属关系，即法律体系除了中国特色社会主义法律体系，还包括其他的法律体系。

实践中，中国特色社会主义法律体系是一个专有概念，一方面，作为中国特色社会主义法律体系的"三个层次"在性质上属于立法体系或法律渊源体系范畴，具有主观性，故党和政府在不同时期提出要"健全""完善""深入推进"和"加强"；另一方面，作为中国特色社会主义法律体系的"七个部门"属于法律体系范畴。从性质上看，中国特色社会主义法律体系既有主观性，又有客观性。主观性体现在其包含的三个层次上，客观性体现在其七个部门上。而法律体系不具有主观性，仅具有客观性。在此意义上，中国特色社会主义法律体系在内容上包含法律体系，它非但不是法律体系的下位概念，反而是后者的上位概念。

之所以出现这种情况，是因为中国特色社会主义法律体系"借用"了法律体系的名称，即"中国特色社会主义＋法律体系"，这种"借用"，一方面体现了语言的灵活性，即一个词语在实践中可能演变出多种含义，在使用过程中可以有效节约交流成本；另一方面又体现了语言的局限性，即多种情况下使用同一个术语会导致含义多元化，引发法律体系是中国特色社会主义法律体系的上位概念这种歧义或误解。

对事业单位工作人员而言，上述概念之间的区别有利于体会具体法律制度背后的理论争议，并通过概念、术语和理论去解释、澄清并解决实践中存在的问题，尤其是在与自身相关的法律制度存在问题的情况下，去弄懂、弄清问题所在，在深入理解法律的基础上，通过法律思维找到维护自身权益的法律路径。

（二）中国特色社会主义法律体系与立法体系的关系

立法体系或法律渊源体系是一个国家立法机关制定的规范性法律文件的总称。中国特色社会主义法律体系在内容上仅包括"三个层次"，并不包括除此以外的其他立法机关制定的规范性法律文件。因此,中国特色社会主义法律体系与立法体系之间是交叉关系。

从法的效力角度,我国作为成文法国家,不同的法律发生冲突时,宪法具有最高的法律效力,下位法要服从上位法,一旦与上位法发生冲突,下位法自动无效。因此,在理想状态下,中国特色社会主义法律体系包含的"三个层次"在范围上与立法体系是等同的,两者具有一致性。在此意义上,就如同法律体系与中国特色社会主义法律体系的关系一样,立法体系同样是中国特色社会主义法律体系的下位概念,是后者的组成部分。

但在实践中,有不少法律法规在违反上位法的情况下仍然在发挥效力。这种情况说明,效力低于"三个层次"的其他立法机关所制定的法规通常会"溢出"其范围之外,考虑到"先行先试""创造性立法"等情况,未来将有更多法规超出"三个层次"的范围。如何解决该问题,是不断健全和完善中国特色社会主义法律体系要考量的重要内容。

中国特色社会主义法律体系自然包括事业单位工作人员有关的法律,前者限于"三个层次",后者除"三个层次"外,还包括部门规章、地方政府规章、司法解释等层面涉及事业单位工作人员的规定。在实践中,也常出现个别事业单位制定的单位规章制度与法律冲突,或者下位法与上位法不一致的情况,这些问题亟须完善。

六、中国特色社会主义法律体系的"中国特色"有哪些?

中国特色社会主义法律体系具有以下三个方面的特色。

第一,在意识形态层面,中国特色社会主义法律体系相对于西方资本主义法律体系而言,体现了鲜明的社会主义性质。中国特色社会主义法律体系的社会主义性质首先体现为中国共产党的领导。作为我国立法工作必须遵循的根本原则,党领导立法使得制定的法律可以最大程度地体现人民的根本利益,党提出的立法建议,凝聚着全党全国人民的集体智慧,体现了最广大人民群众的共同意志。在内容上,中国特色社会主义法律体系对人民民主专政的国体、人民代表大会制度的政体、社会主义经济制度以及广大人民的各种基本权利皆进行了明确的规定。

第二,在文化层面,中国特色社会主义法律体系体现了当今世界多元文化背景下的民族特色。中国特色社会主义法律体系一方面借鉴了对我国有价值的世界各国的法律制度,另一方面也汲取了中华优秀传统法律文化中的积极因素。比如,多元化纠纷解决机制就继承了传统法律文化中的"和""无讼"等因素，这一点体现在我国人民调解法、劳动争议调解仲裁法、民事诉讼法等法律中对调解制度的规定；我国治理制度中将"以德治国"作为"依法治国"的重要补充，强调社会公德、职业道德、家庭美德、个人品德的重要功能，可视为对中华优秀传统法律文化中"德治"的扬弃与发展。

第三，在本质层面，中国特色社会主义法律体系体现了人民性，这一点区别于古代国家和西方资本主义国家的法律体系。坚持以人民为中心是中国特色社会主义法律体系追求的目标，在立法过程中，民主立法是我国始终坚持的基本原则，宪法将人民代表大会制度规定为我国的根本政治制度，明确规定"中华人民共和国一切权力属人民"。2004年宪法修正案将"国家尊重和保障人权"、2020年民法典将"人格权"单独成编皆为该特点的典型表现。

事业单位工作人员可从以下五个方面把握中国特色社会主义法律体系的概念。

第一，坚持法律思维，从法学角度深化对上层建筑和经济基础之间关系的认识，把与自身直接相关的法律制度放在社会主义市场经济体制框架下进行理解。

第二，掌握中国特色社会主义法律体系形成的背景及发展过程，理解我国法治建设的内在规律。比如，职工休假制度的建立，最早可追溯至1952年《关于各级人民政府工作人员休假制度暂行规定的通知》，历经1975年宪法、1978年宪法、1982年宪法、1991年《中共中央　国务院关于职工休假问题的通知》、1992年工会法、1994年劳动法、1995年国务院确立双休日制度和2024年《国务院关于修改〈全国年节及纪念日放假办法〉的决定》等。休假制度总体上是随着我国社会经济发展而发展变化的。

第三，把握中国特色社会主义法律体系形成的重要意义，理解法律规范体系与法治实践、法治建设之间的有机关系，认识到对自身权利的维护和保障一方面有赖于健全的法律规范的形成，另一方面要通过自身努力推动中国特色社会主义法律体系的不断完善。

第四，掌握中国特色社会主义法律体系的基本框架，厘清我国法律的分类及调整领域，尤其是认识与事业单位工作人员有关的法律。

第五，把握中国特色社会主义法律体系具有的"特色"，树立中国特色社会主义法治道路自信、理论自信、制度自信和文化自信。理性看待事业单位工作人员相关法律不同于西方相关法律的"特色"。比如，事业单位本身就是一个具有中国特色的概念，在领导管理制度方面坚持党的领导等。

第三节 完善以宪法为核心的中国特色社会主义法律体系

一、如何理解"完善以宪法为核心的中国特色社会主义法律体系"中的"以宪法为核心"?

"核心"是指中心、主要组成部分,是事物之间或其组成部分之间的某种特定关系,即中心与边缘、主要组成部分与次要组成部分之间的关系。"以宪法为核心"意味着作为中国特色社会主义法律体系的组成部分,宪法与其他法律之间的关系是,以宪法为中心,其他法律从属于宪法。宪法是中国特色社会主义法律体系的主要组成部分,其他法律是以宪法为依据制定的,由宪法派生而来。

从法律的外在表现形式上看,我国是成文法国家,宪法是我国的根本法,其制定和修改程序均严于一切普通法,具有最高的法律效力,是其他法律的上位法,一切与宪法相违背和冲突的法律均无效。

从国家结构角度看,我国是单一制的国家结构形式,是由若干个行政区域组成的统一的主权国家,地方行政区不具有主权性质。国家只有一部宪法,中央立法机关根据宪法制定法律、行政法规和行政规章,地方立法机关根据宪法制定地方性法规和地方政府规章,形成以宪法为核心的中国特色社会主义法律体系。

宪法的根基在于人民发自内心的拥护,宪法的伟力在于人民出自真诚的信仰。事业单位工作人员理解"以宪法为核心"应坚定宪法信仰,领会宪法条文的含义,在心中树立宪法的权威地位,在实践中将实施宪法变成真正自觉的行动。

二、如何理解"完善以宪法为核心的中国特色社会主义法律体系"中的"完善"?

以宪法为核心的中国特色社会主义法律体系形成后,并不意味着终结和停滞,应继续完善和发展。"完善"包含以下三个方面的含义。

第一,中国特色社会主义法律体系作为上层建筑,要适应经济基础的发展和变化。随着我国社会主义市场经济的发展、改革开放的持续推进，必然导致已有生产关系发生改变、新的生产关系产生，进而引起法律领域的变革。比如，对既有法律的修改、废止，对新兴领域进行立法，对特定领域立法进行集中清理，都是"完善"的应有之义。

第二，"完善"是以宪法为核心，在既有法律体系的框架内，通过多种方式使得既有法律体系更加趋于成熟、完美，更能适应社会、经济、政治、文化、生态文明的发展。

第三，"完善"不是一蹴而就，不追求短期效应，而是以问题为中心的长期而持续的动态过程。该过程始终处于党的领导下，坚持实事求是，遵循客观规律，贯彻全过程人民民主，以宪法为依据进行。

三、如何完善以宪法为核心的中国特色社会主义法律体系？

完善以宪法为核心的中国特色社会主义法律体系的方式包括立、改、废、释、纂。"立"是制定新法；"改"是对既有法律进行修改；"废"是对既有法律进行废止；"释"是对既有法律进行解释，包括立法解释、行政解释和司法解释；"纂"是编纂法典。在完善过程中，应该立、改、废、释、纂并举。

完善以宪法为核心的中国特色社会主义法律体系要把握轻重缓急，抓紧研究制定基本的、急需的、条件成熟的法律。法律具有实践性，是用来解决实际问题的，实践中有迫切需求，且立法条件已经成熟的，就应该列入立法规划并付诸实施，要加快重要领域、新兴领域和涉外领域立法。

立法形式可采用"大块头"和"小快灵"。"大块头"立法指大型立法，准备时间较长、牵涉面较广、涉及利益较复杂、条文较多的立法。"小快灵"立法中的"小"是短小精悍，精准立法，选取小切口，针对具体问题设计规范，使切口更深更准更实；"快"是高效立法，化繁为简，加快立法速度，提升立法效果；"灵"是形式灵活，不分章节，聚焦需求，突出特色，力求管用好用。

完善以宪法为核心的中国特色社会主义法律体系不是简单以外国特别是西方法律体系为模板不加分析进行照搬照抄照套，而是立足中国实践、解决中国问题，按照古为今用、洋为中用的方针，利用古今中外的法律资源进行创造性转化，使其成为中国特色社会主义法律体系的有机组成部分。

在完善与事业单位工作人员有关的法律法规方面，可借鉴以宪法为核心的中国特色社会主义法律体系的完善方式，通过立、改、废、释的方式进行。

四、完善宪法的方式对完善事业单位工作人员相关法律制度有何启示？

对宪法进行完善是完善以宪法为核心的中国特色社会主义法律体系的必要环节，主要包括以下方面。

第一，修改宪法。宪法作为根本大法，要保持稳定，但并非一成不变，同样要根据客观情况的变化进行完善，修改宪法是完善宪法的重要方式。我国宪法修改包括两种方式，一是全面修改，二是通过修宪决议或宪法修正案进行部分修改。全面修改涉及宪法结构体例的调整，重要条文、重要制度的变更。1954年宪法颁布以来，宪法的全面修改共有三次，分别颁布了1975年宪法、1978年宪法和1982年宪法。修宪决议和宪法修正案是指对宪法部分条文进行的修改、增删。1954年宪法颁布以来，修宪决议共有2次，分别在1979年和1980年；宪法修正案共有5次，分别在1988年、1993年、1999年、2004年和2018年。实践证明，1982年宪法是一部好宪法，自1982年宪法颁布以来，对宪法的修改都是通过宪法修正案的方式进行。在修宪的原则上，我国十分慎重，可修可不修的不修，非修改不可的才进行修改，同时，加强党领导修宪的制度化、规范化，以保证宪法的权威性和稳定性。

第二，健全合宪性审查制度，积极稳妥推进宪法实施。全国人大宪法和法律委员会应严格依照宪法和法律赋予的职权，对提交全国人大常委会审议的法律案进行合宪性审查，以确保常委会作出的决议、决定和通过的法律符合宪法精神。全国人大应制定合宪性审查程序法或者宪法监督法，统一规定包括合宪性审查主体及协助主体在内的有关合宪性审查程序问题；不断健全宪法实施、宪法监督、宪法解释制度，回应社会热点和公众关切，不断激活宪法，让宪法具有持久生命力。[①]

作为事业单位工作人员，首先，应以发展和辩证的眼光正确看待以宪法为核心的中国特色社会主义法律体系随时代的变化进行的变动；其次，也是更为重要的，是对与自身有关的法律法规、单位规章制度的变化保持理性心态，并身体力行参与其中；最后，完善与事业单位工作人员有关的法律，对于维护事业单位工作人员的权益具有重要意义，可以参照完善以宪法为核心的中国特色社会主义法律体系的方式，通过个别修改、全面修改以及对既有法律法规、事业单位规章制度进行合宪性、合法性审查，提升其质量和实施效果。

---

① 胡锦光.论我国合宪性审查机制中不同主体的职能定位［J］.法学家，2022（2）.

第四章
事业单位法律法规与事业单位改革

第一节　理解和认识事业单位

一、什么是事业单位？

事业单位是指国家为了社会公益目的，由国家机关举办或者其他组织利用国有资产举办的，从事教育、科技、文化、卫生等活动的社会服务组织。

二、事业单位有哪些特点？

事业单位具有以下四个特点。

（一）公益性。国家举办事业单位是为了服务于教科文卫等公益事业，而非为了营利。事业单位依法举办的营利性经营组织，必须实行独立核算，依照国家有关公司、企业等经营组织的法律、法规登记管理。

（二）服务性。典型的事业单位，其主要功能是为社会提供公益服务以及向机关提供支持保障。

（三）专业性和技术性。事业单位从事的业务范围主要是教育、科技、文化、卫生等领域的专业性和技术性活动。

（四）公共性或国有性。事业单位由国家机关或者其他组织利用国有资产举办。

三、事业单位有哪些类型？

根据《中共中央关于深化党和国家机构改革的决定》，事业单位主要分为三种类型：承担行政职能的事业单位，从事经营活动的事业单位，以及公益类事业单位。公益类事业单位又可以分为向社会提供公益服务的事业单位和主要为机关提供支持保障的事业单位。

四、事业单位如何设立？

事业单位经县级以上各级人民政府及其有关主管部门批准成立，应当依法登记或者备案。申请事业单位法人登记，应当具备下列条件：（1）经审批机关批准设立；（2）有自己的名称、组织机构和场所；（3）有与其业务活动相适应的从业人员；（4）有与其业务活动相适应的经费来源；（5）能够独立承担民事责任。

五、如何区分事业单位和企业？

事业单位和企业可以依据上述事业单位的特点从设立目的、设立主体、从事的业务领域等来区分。在实践中，也可以直接根据注册登记的机关以及登记的事项来区分。企业需要做工商登记，领取营业执照并明确各种经营信息。事业单位则由县级以上各级人民政府机构编制管理机关所属的事业单位登记管理机构负责实施登记管理工作；法律规定具备法人条件、自批准设立之日起即取得法人资格的事业单位，或者法律、其他行政法规规定具备法人条件、经有关主管部门依法审核或者登记，已经取得相应的执业许可证书的事业单位，不需要办理事业单位法人登记，由有关主管部门按照分级登记管理的规定向登记管理机关备案即可。

第二节 事业单位管理制度及其改革

一、事业单位管理相关法律法规和政策性文件主要有哪些？

当前，我国事业单位依然处于改革的过程中。事业单位管理的重要依据首先是各类政策性文件。一是中共中央和国务院等的政策性文件，例如，《中共中央关于深化党和国家机构改革的决定》,《中共中央　国务院关于分类推进事业单位改革的指导意见》,中共中央办公厅、国务院办公厅印发的《关于进一步深化事业单位人事制度改革的意见》,国务院办公厅印发的《关于事业单位分类的意见》《关于承担行政职能事业单位改革的意见》《关于创新事业单位机构编制管理的意见》《事业单位职业年金试行办法》等分类推进事业单位改革的配套文件,《国务院办公厅转发人事部关于在事业单位试行人员聘用制度意见的通知》等。这些政策性文件在实践中具有很强的约束力。二是中央组织部、人力资源社会保障部及原人事部等单独或者联合发布的规范性文件,如人事部印发的《事业单位岗位设置管理试行办法》,中共中央组织部、人力资源社会保障部印发的《事业单位工作人员考核规定》等。三是其他地方性的政策性文件。

一般法律中也有一些事业单位管理方面的规定,如《中华人民共和国民法典》第八十八条和第八十九条关于事业单位法人资格以及事业单位决策机构的规定,《中华人民共和国公职人员政务处分法》中关于事业单位工作人员处分的规定,但涉及事业单位管理的法律规则主要体现在行政法规、部门规章以及地方性法规中。一是行政法规中关于事业单位管理的专门规定。目前重要的关于事业单位管理的专门规定有《事业单位登记管理暂行条例》《事业单位人事管理条例》《企业事业单位内部治安保卫条例》等。二是关于事业单位人事、财务等管理的部门规章,如《事业单位工作人员处分规定》《事业单位财务规则》《机关事业单位工作人员带薪年休假实施办法》等。三是地方性法规及地方政府规章。各地方在推动事业单位改革和发展的过程中,也颁布了大量涉及事业单位的地方性法规以及地方政府规章,如《河南省事业单位改革发展条例》《长春市事业单位机构编制管理规定》等。

关于事业单位管理的法律、法规和政策性文件目录可以参阅本书附录。

二、为什么要加快推进事业单位改革?

加快推进事业单位改革,是完善和发展中国特色社会主义制度、推进国家治理体系和治理能力现代化的重要任务;是适应我国社会主要矛盾变化、推动公益事业平衡充分发展的迫切需要;是推动我国经济高质量发展、建设现代化经济体系的重要动力。

三、加快推进事业单位改革的基本要求是什么？

当前形势下，加快推进事业单位改革，要不断增强"四个意识"、始终坚定"四个自信"，统一思想、统一行动，从以下四个方面准确把握这一改革的基本要求。一是切实加强党对事业单位改革的领导，确保党中央改革精神的贯彻落实。二是坚持以人民为中心，不断增强人民群众在公益服务方面的获得感、幸福感、安全感。三是坚持新发展理念，充分发挥市场在资源配置中的决定性作用，更好发挥政府作用。四是坚持优化协同高效，增强事业单位改革的系统性、整体性、协同性。

四、加快推进事业单位改革的基本思路是什么？

加快推进事业单位改革，应把握以下三个基本思路和改革重点。一是全面推进承担行政职能的事业单位改革，理顺政事关系，实现政事分开，不再设立承担行政职能的事业单位。二是加大从事经营活动事业单位改革力度，推进事企分开。三是区分情况实施公益类事业单位改革，面向社会提供公益服务的事业单位，理顺同主管部门的关系，逐步推进管办分离，强化公益属性，破除逐利机制；主要为机关提供支持保障的事业单位，优化职能和人员结构，同机关统筹管理。

五、面向社会提供公益服务的事业单位定位和改革重点是什么？

面向社会提供公益服务的事业单位，主要定位在向社会公众提供教育、科技、文化、卫生等公益服务，具有较强的专业性、技术性、服务性，但政事不分、管办不分、体制不顺、机制不活、效率不高问题突出。改革重点是创新体制机制，理顺同主管部门的关系，强化公益属性。

六、为机关提供支持保障的事业单位定位和改革重点是什么？

为机关提供支持保障的事业单位，主要承担为党和国家机构履行职责提供决策支持及技术性、辅助性保障的工作，与机关业务密不可分，但存在机构臃肿、定位不清、管理不规范、效率不高问题。改革的重点是明确功能定位，逐步压缩规模，实行严格管理。

第三节　事业单位人事制度及其改革

一、调整事业单位人事关系的主要法律法规有哪些？

在事业单位改革的过程中，调整事业单位人事关系的法律也逐渐完善。当前，调整事业单位人事关系的规范性法律文件主要有以下三类。

一是行政法规、司法解释和国务院的规定，包括《事业单位人事管理条例》《国务院办公厅转发人事部关于在事业单位试行人员聘用制度意见的通知》《最高人民法院关于人民法院审理事业单位人事争议案件若干问题的规定》《最高人民法院关于事业单位人事争议案件适用法律等问题的答复》《最高人民法院关于人事争议申请仲裁的时效期间如何计算的批复》《国务院关于机关事业单位工作人员养老保险制度改革的决定》《机关事业单位职业年金办法》等。

二是部颁规章以及部委的规范性文件。人力资源社会保障部、原人事部等制定了大量涉及聘任合同、人事关系调整以及人事争议解决的规范性法律文件，比较重要的有《事业单位公开招聘人员暂行规定》《机关事业单位工作人员带薪年休假实施办法》《事业单位工作人员处分规定》《事业单位公开招聘违纪违规行为处理规定》《劳动人事争议仲裁办案规则》《事业单位试行人员聘用制度有关问题的解释》《事业单位岗位设置管理试行办法》《事业单位工作人员奖励规定》《事业单位工作人员考核规定》《国家机关　事业单位贯彻〈国务院关于职工工作时间的规定〉的实施办法》《中组部　人力资源社会保障部　总政治部〈关于修改人事争议处理规定〉的通知》《事业单位工作人员申诉案件办理规则》。

三是地方性法规和地方政府规章。在推动事业单位人事改革过程中，一些地方政府也制定了一些涉及聘用合同、人事关系的规范性文件，如《河南省事业单位改革发展条例》《大连市事业单位聘用合同规定》《福建省事业单位人事争议处理规定》等。这些规范性文件虽然法律位阶不高，数量不多，但对于协调人事关系以及规范聘用合同也具有非常重要的意义。

在上述法规、司法解释和规范性文件之外，人事关系还适用《中华人民共和国劳动合同法》《中华人民共和国劳动争议调解仲裁法》等的规定。但是二者的适用关系比较复杂，需要专门介绍。

二、事业单位的人事关系能否适用劳动法律？

根据现行法律，人事关系也适用劳动法律的规定，但其适用关系相对比较复杂。

《中华人民共和国劳动合同法》第九十六条规定："事业单位与实行聘用制的工作人员订立、履行、变更、解除或者终止劳动合同，法律、行政法规或者国务院另有规定的，依照其规定；未作规定的，依照本法有关规定执行。"《中华人民共和国劳动争议调解仲裁法》第五十二条规定："事业单位实行聘用制的工作人员与本单位发生劳动争议的，依照本法执行；法律、行政法规或者国务院另有规定的，依照其规定。"

但由于调整人事关系的法律并不健全，许多应当建立的涉及人事关系和聘用合同的特殊规则并未制定，因此在目前的实践中，裁判机构并非只要没有法律、行政法规或国务院的特别规定就简单地直接适用劳动法律，而是一般会对劳动法律根据人事关系的特殊性进行审查后决定能否适用。

三、为什么要推动事业单位人事制度改革？

进行事业单位人事制度改革是因为原有的事业单位人事制度与社会主义市场经济体制和各项事业发展不适应，主要表现在：符合各类事业单位特点的人事管理制度还没有完全建立，有效的竞争激励机制和自我约束机制还需要进一步完善，能上能下、能进能出的用人机制还没有完全形成。随着我国改革开放和现代化建设事业进入新的历史时期，经济体制改革不断深入，科技、教育、文化、卫生体制改革日益深化，党政机关干部制度改革和企业人事制度改革全面展开。所有这些，都要求把加快推进事业单位人事制度改革作为促进国家整体改革和发展的一项重要而紧迫的任务。

事业单位人事制度改革的主要内容之一是要建立以聘用制为基础的用人制度，具体包括聘用制度、岗位管理制度、公开招聘制度、竞聘上岗制度、考核奖惩制度、人员退出机制、权益保障机制、领导人员选拔任用和管理监督制度等。

四、为什么要制定《事业单位人事管理条例》？

我国存在大量事业单位和事业编制人员。经过多年的努力，事业单位人事制度改革取得较大进展，以聘用制度、岗位管理制度和公开招聘制度为主要内容的人事管理制度初步建立，但还存在以下问题：一是能进能出、能上能下的用人机制尚未真正建立；二是聘用合同的订立、履行、解除、终止，各地做法不统一；三是奖惩等激励保障机制不够健全；四是人事争议处理依据不够明确。这些问题都需要通过专门的立法加以解决。因此，2014年4月国务院制定出台了《事业单位人事管理条例》，该条例自2014年7月1日起施行。

五、《事业单位人事管理条例》的立法目的是什么？

《事业单位人事管理条例》的立法目的是规范事业单位的人事管理，保障事业单位工作人员的合法权益，建设高素质的事业单位工作人员队伍，促进公共服务发展。

六、《事业单位人事管理条例》的主要内容有哪些？

《事业单位人事管理条例》包括总则、岗位设置、公开招聘和竞聘上岗、聘用合同、考核和培训、奖励和处分、工资福利和社会保险、人事争议处理、法律责任以及附则等，共10章44条，对我国事业单位管理中的主要规则进行了系统规定。

（1）"总则"一章规定了立法目的、人事管理的基本原则、人事管理的权限等。

（2）"岗位设置"一章规定了岗位管理制度、岗位设置要求以及岗位设置方案报备等。

（3）"公开招聘和竞聘上岗"一章规定了公开招聘工作人员的基本原则、公开招聘工作人员的程序、竞聘上岗的程序以及事业单位工作人员交流。

（4）"聘用合同"一章规定了聘用合同期限、试用期、解除条件、人事关系终止规则等。

（5）"考核和培训"一章规定了考核方式、考核类型、考核效力、培训类型和费用保障等。

（6）"奖励和处分"一章规定了奖励的情形、奖励的方式、奖励的类型、处分的行为、处分的类型、处分的程序、处分的解除条件等。

（7）"工资福利和社会保险"一章规定了工资制度的基本原则、工资类型、工资决定因素、福利待遇、社会保险待遇等。

（8）"人事争议处理"一章规定了人事争议的处理适用《中华人民共和国调解仲裁法》，并规定了当事人不服考核结果及处分决定的申诉程序、回避制度、投诉举报的处理制度等。

（9）"法律责任"一章规定了事业单位及其工作人员违反条例的法律责任。

（10）"附则"一章规定了条例自 2014 年 7 月 1 日起施行。

第五章
事业单位工作人员公开招聘与人员聘用

第一节 公开招聘

一、事业单位公开招聘的总体要求是什么？

根据《事业单位人事管理条例》《事业单位公开招聘人员暂行规定》和《中共中央组织部 人力资源社会保障部关于进一步做好事业单位公开招聘工作的通知》，事业单位招聘工作要严格执行有关公开招聘的各项制度，具体包括以下三点。

（1）公开招聘对象。事业单位新进工作人员，除国家政策性安置、按干部人事管理权限由上级任命及涉密岗位等确需使用其他方法选拔任用人员外，都要实行公开招聘。

（2）公开招聘的要求。事业单位要在岗位空缺的前提下，按照岗位职责和任职条件，通过公开招聘择优聘用工作人员；要严格执行有关规定中关于招聘范围、条件、程序、信息发布、资格审查、考试考核、聘用等方面的要求。

（3）公开招聘的核准备案。事业单位应当按照规定制定公开招聘方案并报送有关部门核准备案。各级组织人事部门要按照规定权限严格履行招聘方案核准备案职责。

二、公开招聘的标准和原则是什么？

公开招聘要坚持德才兼备的用人标准，贯彻公开、平等、竞争、择优的原则。德才兼备是事业单位聘用人员的标准，是公开招聘选拔人才的目标。在招聘过程中，这一目标通过遵守公开、平等、竞争、择优的原则来实现。

此外，公开招聘要坚持政府宏观管理与用人单位自主权相结合的原则，统一规范、分类指导、分级管理。

三、公开招聘的适用范围和特殊情形有哪些？

（1）公开招聘的适用范围。事业单位招聘专业技术人员、管理人员和工勤人员，适用《事业单位公开招聘人员暂行规定》。参照公务员制度进行管理和转为企业的事业单位除外。这并不意味着参照公务员制度进行管理和转为企业的事业单位人员不需要公开招聘，而是要根据公务员招录或企业招聘的要求来决定是否公开招聘。

（2）不适用公开招聘的特殊情形。事业单位新进人员除国家政策性安置、按干部人事管理权限由上级任命及涉密岗位等确需使用其他方法选拔任用人员外，都要实行公开招聘。

（3）外籍人员的招聘。事业单位需要招聘外国国籍人员的，须报省级以上政府人事行政部门核准，并按照国家有关规定进行招聘。

四、艰苦边远地区县乡事业单位公开招聘的特殊政策有哪些？

（1）为鼓励和引导优秀人才到艰苦边远地区县乡事业单位干事创业，解决艰苦边远地区吸引留住人才难的问题，可根据实际情况，合理设置招聘条件。

1）招聘县乡事业单位管理人员和初级专业技术人员，年龄可以放宽到40周岁以下；招聘中、高级专业技术人员，可以根据工作需要进一步放宽。

2）招聘乡镇事业单位工作人员，学历最低可以到高中、中专（含技工学校），但不突破行业职业准入对学历的要求。

3）招聘乡镇事业单位管理人员，可以不作专业限制；招聘县乡事业单位专业技术人员，可以适当放宽专业要求。

4）可以拿出一定数量岗位面向本县、本市或者周边县市户籍人员（或者生源）招聘，积极探索从优秀村干部中招聘乡镇事业单位工作人员。

（2）改进招聘方式方法。

1）乡镇事业单位招聘大学本科以上毕业生，县级事业单位招聘中级以上专业技术职称或者硕士以上学位人员，以及行业、岗位、脱贫攻坚急需紧缺专业人才，可以根据实际情况，采取面试、组织考察等方式公开招聘。

2）采取统一考试方式招聘的，可以根据工作需要，有区别地确定通用能力测试成绩权重，加大专业素质考试成绩的权重；可以根据应聘人员报名、专业分布等情况适当降低开考比例，或不设开考比例，划定成绩合格线。

3）对"三支一扶"人员、大学生村官、西部志愿者等基层服务项目人员和退役士官士兵，可以按照有关规定进行专项招聘，并增加工作实绩在组织考察中的权重。

五、职业院校毕业生参加公开招聘有哪些特殊政策？

在招聘条件上，事业单位公开招聘中有职业技能等级要求的岗位，可以适当降低学历要求，或者不再设置学历要求。在符合专业等其他条件的前提下，技工院校预备技师（技师）班毕业生可报名应聘学历要求为大学本科的岗位，高级工班毕业生可报名应聘学历要求为大学专科的岗位。

在招聘方式方法上，事业单位公开招聘主要以技能操作或技能指导履行职责任务的岗位，实际操作能力测试在考试中的比重原则上不低于50%。职业院校毕业生为世界技能大赛国家集训选手、全国技能大赛优胜奖以上选手、全国行业职业技能竞赛获奖选手（一类职业技能大赛中获决赛单人赛项前10名、双人赛项前7名、三人赛项前5名的选手）的，可作为高技能人才按规定采取直接考察的方式公开招聘到与所获技能奖项相关的岗位工作。

六、公开招聘分类组织实施的方式有哪些？

事业单位公开招聘要坚持统一规范、分类指导、分级管理；要严格按照统一的公开招聘制度的要求，充分体现不同行业、不同类型事业单位的特点以及各类工作人员的专业特点，分类组织实施公开招聘。

公开招聘方式方法应符合事业单位特点，充分体现行业、专业及岗位特点。公开招聘采取考试与考核相结合的方法，择优聘用。公开招聘高层次、紧缺人才，可以采取直接考核的方式。

七、公开招聘工作由谁组织实施？

事业单位公开招聘坚持地方、部门统一组织与事业单位自主组织相结合，提升工作规范化水平。

中央和国家机关各部门所属事业单位七级及以下管理岗位、十一级及以下专业技术岗位、三级及以下工勤技能岗位和普通工等岗位，原则上按照隶属关系由主管部门集中组织公开招聘，统一开展工作方案制定、公告发布、报名、公共笔试等工作。地方事业单位人事综合管理部门可以分层级统一组织，也可以会同教育、卫生健康等行业主管部门分类别统一组织。各地区各部门各单位要加强对统筹开展招聘工作的研究，结合实际确定具体实施办法。

高校、科研院所、公立医院以及其他规模较大的面向社会提供公益服务的事业单位，可以按照规定程序和要求自主组织开展公开招聘。

事业单位可以成立由本单位人事部门、纪检监察部门、职工代表以及有关专家组成的招聘工作组织，负责招聘工作的具体实施。

八、公开招聘考试与考核的内容方式有何规定？

（1）公开招聘考试可采取笔试、面试、实际操作能力测试等多种方式。按照"干什么、考什么"的原则，合理设置考试内容，符合岗位要求。

（2）考试内容应为招聘岗位所必需的专业知识、业务能力和工作技能。考试科目与方式根据行业、专业及岗位特点确定。

（3）对专业技术岗位和工勤技能岗位的招聘，不应将行政职业能力测试列为笔试内容；对应聘工勤岗位的人员，可根据需要重点进行实际操作能力测试。

（4）考核应侧重于思想政治表现、道德品质以及与应聘岗位相关的业务能力和工作实绩等。

（5）急需引进的高层次、短缺专业人才，具有高级专业技术职务或博士学位的人员，可以采取直接考核的方式招聘。

（6）对通过考试的应聘人员，用人单位应组织对其思想政治表现、道德品质、业务能力、工作实绩等情况进行考核，并对应聘人员资格条件进行复查。

九、公开招聘工作如何增强透明度？

事业单位公开招聘要遵循民主、公开、竞争、择优的原则，切实做到信息公开、过程公开、结果公开。

（1）严格规范公开招聘信息发布。事业单位招聘人员的招聘公告、补充公告等信息按程序备案后应在事业单位人事综合管理部门招聘平台公开发布，可同时在事业单位或者主管部门网站显著位置发布。招聘公告一经公布，不得擅自更改；确需更改的，应当按原程序发布补充公告，相应延长报名时间。招聘公告发布至报名结束的时间不得少于7个工作日，其中报名时间不得少于5个工作日，报名期间应保持报名渠道畅通。

（2）增强公开招聘实施过程透明度。对于公开招聘中资格审查、笔试、面试、考核等环节的进展情况应当面向社会公布，并确保及时、全面、准确。

（3）健全公开招聘结果公示制度。拟聘用人员公示应在招聘公告相同范围发布，时间不得少于5个工作日。公示内容应包括招聘单位名称、招聘岗位情况以及拟聘人员基本情况。

十、招聘计划与招聘信息的内容包括哪些？

招聘计划主要包括以下内容：招聘的岗位及条件、招聘的时间、招聘人员的数量、采用的招聘方式等。

事业单位招聘人员应当公开发布招聘信息，招聘信息应当载明用人单位情况简介、招聘的岗位、招聘人员数量及待遇；应聘人员条件；招聘办法；考试、考核的时间（时限）、内容、范围；报名方法等需要说明的事项。

十一、公开招聘岗位的条件设置和资格审查有哪些规定？

用人单位要根据招聘岗位需求，科学合理地设置招聘岗位条件，突出政治标准，坚持德才兼备、以德为先，明确招聘岗位类别和等级，科学设置学历学位、学科专业、年龄、工作年限等条件，不得设置歧视性、指向性以及不合理的限制性条件。岗位条件设置和资格审查应遵循以下具体原则。

（1）专业设置须与招聘岗位相匹配。原则上应从宽确定专业要求，同一岗位可设置一个或多个相近的适合岗位要求的专业，也可按专业大类设置专业条件。对没有专业要求的招聘岗位，可设置为专业不限。

（2）学科专业等要求应当明确、规范，具体可参考国家教育行政部门制定的学科专业目录、人力资源社会保障部门制定的技工院校专业目录等提出，也可参照当地省级事业单位人事综合管理部门制定或确定的事业单位公开招聘专业指导目录，并在招聘公告中明确参考目录名称、学科专业（类）名称及代码。留学归国等应聘人员所学学科专业与资格条件要求的学科专业相近但不在选定参考目录的，资格审查部门（单位）应当结合所学课程、研究方向等进行审查，不得以学科专业不在参考目录为由不予通过审查。

（3）资格审查应当严格规范。资格审查工作由用人单位或主管部门负责，事业单位人事综合管理部门负责监督，审查过程中要严格把关，确保相关材料真实、准确、有效。负责资格审查的单位和人员要认真履职，严格按照有关政策规定和招聘公告确定的招聘条件进行资格审查，准确把握审查标准，统一审查尺度，不得随意放宽招聘岗位条件。符合公告所列条件的应聘人员原则上都应当允许进入下一个招聘环节，不得进行"简历筛选"。资格审查工作不得委托考试服务机构等第三方进行。实施网上报名的，可在资格复审阶段查看原件。对没有通过资格审查的人员，用人单位或主管部门有义务接受其询问并告知其原因。资格审查应当贯穿公开招聘全过程，任何环节发现应聘人员不符合资格条件的，均应取消应聘或者聘用资格。

（4）资格审查要重视和加强与应聘人员的沟通，做好政策宣传解释工作，及时化解争议，增强招聘工作公信力。

（5）实行应聘人员诚信承诺制度。应聘人员在报名时应当签署诚信承诺书，承诺所提供的信息真实准确，并承担不实承诺相关责任。

十二、公开招聘的应聘人员应具备哪些基本条件？

事业单位招聘人员应当面向社会，凡符合条件的各类人员均可报名应聘。应聘人员必须具备下列条件：

（1）具有中华人民共和国国籍；

（2）遵守宪法和法律；

（3）具有良好的品行；

（4）岗位所需的专业或技能条件；

（5）适应岗位要求的身体条件；

（6）岗位所需要的其他条件。

此外，事业单位公开招聘人员，不得设置歧视性条件要求。

十三、公开招聘的工作程序如何进行？

事业单位公开招聘工作人员按照下列程序进行：

（1）制定公开招聘方案；

（2）公布招聘岗位、资格条件等招聘信息；

（3）审查应聘人员资格条件；

（4）考试、考察；

（5）体检；

（6）公示拟聘人员名单；

（7）订立聘用合同，办理聘用手续。

十四、公开招聘的聘用程序如何进行？

事业单位公开招聘的聘用程序遵守以下规则。

（1）经用人单位负责人员集体研究，按照考试和考核结果择优确定拟聘人员。

（2）对拟聘人员应在适当范围进行公示，公示期一般为7~15日。

（3）用人单位与拟聘人员签订聘用合同前，按照干部人事管理权限的规定报批或备案。

（4）用人单位法定代表人或者其委托人与受聘人员签订聘用合同，确立人事关系。

（5）事业单位公开招聘的人员按规定实行试用期制度。试用期包括在聘用合同期限内。

（6）试用期满合格的，予以正式聘用；不合格的，取消聘用。

十五、公开招聘中相关人员应回避的情形有哪些？

事业单位公开招聘人员实行回避制度。应聘人员与招聘单位工作人员有亲属关系的，应当要求在报名时主动报告，其中与领导人员有亲属关系的要从严审核把关。

（1）凡与聘用单位负责人员有夫妻关系、直系血亲关系、三代以内旁系血亲或者近姻亲关系的应聘人员，不得应聘该单位负责人员的秘书或者人事、财务、纪律检查岗位，以及有直接上下级领导关系的岗位。

（2）聘用单位负责人员和招聘工作人员在办理人员聘用事项时，涉及与本人有上述亲属关系或者其他可能影响招聘公正的，也应当回避。

十六、公开招聘中相关人员违纪情形有哪些？

公开招聘要严格纪律。对有下列情形的，必须严肃处理。构成犯罪的，依法追究刑事责任。

（1）应聘人员伪造、涂改证件、证明，或以其他不正当手段获取应聘资格的；

（2）应聘人员在考试考核过程中作弊的；

（3）招聘工作人员指使、纵容他人作弊，或在考试考核过程中参与作弊的；

（4）招聘工作人员故意泄露考试题目的；

（5）事业单位负责人员违反规定私自聘用人员的；

（6）事业单位人事综合管理部门、事业单位主管部门工作人员违反规定，影响招聘公平、公正进行的；

（7）违反法律法规及政策规定的其他情形的。

十七、公开招聘中对违纪情形有何处罚措施？

（1）对违反公开招聘纪律的应聘人员，视情节轻重取消考试或聘用资格。

（2）对违反规定招聘的受聘人员，一经查实，应当解除聘用合同，予以清退。

（3）对违反公开招聘纪律的工作人员，视情节轻重调离招聘工作岗位或给予处分。

（4）对违反公开招聘纪律的其他相关人员，按照有关规定追究责任。

十八、应聘人员违纪违规行为如何记入诚信档案库？

应聘人员违纪违规行为记入事业单位公开招聘应聘人员诚信档案库，记录期限分为五年和长期记录。

（1）应聘人员在考试过程中有下列严重违纪违规行为之一的，给予其当次全部科目考试成绩无效的处理，并将其违纪违规行为记入事业单位公开招聘应聘人员诚信档案库，记录期限为五年：

1）抄袭、协助他人抄袭的；

2）互相传递试卷、答题纸、答题卡、草稿纸等的；

3）持伪造证件参加考试的；

4）使用禁止带入考场的通信工具、规定以外的电子用品的；

5）本人离开考场后，在本场考试结束前，传播考试试题及答案的；

6）其他应当给予当次全部科目考试成绩无效处理并记入事业单位公开招聘应聘人员诚信档案库的严重违纪违规行为。

（2）应聘人员在体检过程中弄虚作假或者隐瞒影响聘用的疾病、病史的，给予其不予聘用的处理。有请他人顶替体检以及交换、替换化验样本等严重违纪违规行为的，给予其不予聘用的处理，并将其违纪违规行为记入事业单位公开招聘应聘人员诚信档案库，记录期限为五年。

（3）应聘人员在考察过程中提供虚假材料、隐瞒事实真相或者有其他妨碍考察工作的行为，干扰、影响考察单位客观公正作出考察结论的，给予其不予聘用的处理；情节严重、影响恶劣的，将其违纪违规行为记入事业单位公开招聘应聘人员诚信档案库，记录期限为五年。

（4）应聘人员有下列特别严重违纪违规行为之一的，给予其当次全部科目考试成绩无效的处理，并将其违纪违规行为记入事业单位公开招聘应聘人员诚信档案库，长期记录：

1）串通作弊或者参与有组织作弊的；

2）代替他人或者让他人代替自己参加考试的；

3）其他应当给予当次全部科目考试成绩无效处理并记入事业单位公开招聘应聘人员诚信档案库的特别严重的违纪违规行为。

第二节 人员聘用

一、什么是聘用与聘用合同？

聘用是指事业单位与受聘人员按照国家有关法律法规和政策的要求，在平等自愿、协商一致的基础上，通过签订聘用合同，建立人事关系并明确聘用双方权利和义务的过程。

聘用合同是事业单位和受聘人员确定与工作有关的权利和义务的协议。依法成立的聘用合同对双方当事人具有法律约束力。事业单位与受聘人员订立聘用合同时，不得收取任何形式的抵押金、抵押物或者其他财物。

二、聘用的基本程序包括哪些？

聘用工作组织由聘用单位人事部门负责人、纪律检查部门负责人和工会代表组成，根据需要也可以聘请有关专家参加。人员的聘用、考核、续聘、解聘等事项由聘用工作组织提出意见，报本单位负责人员集体决定。

人员聘用的基本程序是：

（1）公布空缺岗位及其职责、聘用条件、工资待遇等事项；

（2）应聘人员申请应聘；

（3）聘用工作组织对应聘人员的资格、条件进行初审；

（4）聘用工作组织对通过初审的应聘人员进行考试或者考核，根据结果择优提出拟聘人员名单；

（5）聘用单位负责人员集体讨论决定受聘人员；

（6）聘用单位法定代表人或者其委托的人与受聘人员签订聘用合同。

聘用合同期满，岗位需要、本人愿意、考核合格的，可以续签聘用合同。

三、聘用合同的类型与期限有何规定？

根据聘用合同的期限不同，聘用合同分为四种类型。

（1）短期聘用合同。3年（含）以下的聘用合同为短期合同，对流动性强、技术含量低的岗位一般签订短期聘用合同。

（2）中期聘用合同。3年（不含）以上的聘用合同为中期聘用合同。

（3）长期聘用合同。聘用至职工退休的合同为长期聘用合同。对在本单位工作已满25年或者在本单位连续工作已满10年且年龄距国家规定的退休年龄已不足10年的人员，提出订立聘用至退休的合同的，聘用单位应当与其订立聘用至该人员退休的聘用合同。

（4）以完成一定工作为期限的合同。以完成一定工作为期限的合同根据工作任务确定合同期限。

聘用单位与受聘人员经协商一致，可以订立上述任何一种期限的合同。合同期限最长不得超过应聘人员达到国家规定的退休年龄的年限。

军队转业干部、复员退伍军人等政策性安置人员可以签订中、长期聘用合同，首次签订聘用合同不得约定试用期，聘用合同的期限不得低于3年。

四、聘用合同主要包括哪些条款？

聘用合同应具备下列条款：

（1）聘用合同期限；

（2）岗位及其职责要求；

（3）岗位纪律；

（4）岗位工作条件；

（5）工资待遇；

（6）聘用合同变更和终止的条件；

（7）违反聘用合同的责任。

此外，经双方当事人协商一致，可以在聘用合同中约定试用期、培训和继续教育、知识产权保护、解聘提前通知时限等条款。

五、聘用合同应如何约定试用期？

试用期的规定只适用于单位新进的人员，试用期只能约定一次。原固定用人制度职工签订聘用合同，不再规定试用期。

聘用单位与受聘人员签订聘用合同，可以约定试用期。试用期一般不超过3个月；情况特殊的，可以延长，但最长不得超过6个月。初次就业的工作人员与事业单位订立的聘用合同期限3年以上的，试用期为12个月。试用期包括在聘用合同期限内。

六、试用期的考核及其结果使用有何规定？

试用期满合格的，予以正式聘用；不合格的，取消聘用。

对在试用期内被证明不符合本岗位要求又不同意单位调整其工作岗位的，聘用单位可以随时单方面解除聘用合同。

七、聘用合同的岗位工作条件、内容及职责要求如何约定？

（一）事业单位聘用合同的岗位工作条件

（1）事业单位保障聘用人员履行职责所需的物质技术条件，提供必需的工作条件和有效的劳动安全卫生防护措施。提供聘用人员的岗位工作条件须以书面形式告知聘用人员。

（2）事业单位严格执行国家有关职工工作时间和工休假日等规定，对聘用人员实行符合职业特点的工作制。

（3）事业单位应当根据工作需要为聘用人员提供职业道德、专业技术、业务知识、安全生产和规章制度等方面的培训。

（二）事业单位聘用合同的岗位内容

（1）由事业单位确定聘用人员的工作部门及从事岗位。

（2）由事业单位确定工作人员的岗位职责要求，具体内容由事业单位规定。

（3）聘用人员需服从事业单位的工作安排，按照岗位职责要求按时完成事业单位规定的工作任务，达到规定的工作质量标准。

（4）在聘期内，事业单位可以根据工作需要，与工作人员协商后，调整工作人员的工作岗位。

（三）事业单位聘用合同的岗位职责要求

（1）事业单位有权按照岗位职责，建立健全各项考核制度，做到职权清晰、责任明确、考核严格、奖惩分明。

（2）聘用人员应严格遵守国家和地方的各项法律法规，遵守事业单位的各项规章制度和岗位纪律，服从事业单位的领导和管理。

（3）聘用人员如违反规章制度和岗位纪律，事业单位有权进行批评教育，并按照有关规定给予相应的处理。

八、聘用合同中的工资福利与社会保险待遇如何约定？

（1）事业单位根据国家政策和单位的有关规定、聘用人员从事的岗位以及聘用人员的工作表现、工作成果和贡献大小，以货币形式按时足额支付聘用人员的工资待遇。各事业单位明确规定聘用人员工资的构成和标准。

（2）聘用人员工资调整，奖金、津贴、补贴以及特殊情况下的工资支付等，均按照国家政策和单位的有关规定执行。聘用人员享受国家和单位规定的各项福利待遇。聘用合同中未尽的权益，聘用人员在合同期内因工或非因工负伤、致残、疾病及死亡等事宜按照国家政策和单位的有关规定执行。

（3）各事业单位按照国家和地方的有关规定按期为聘用人员缴付失业保险金、医疗保险金、养老保险金以及其他社会保险金。聘用人员个人应缴纳的部分可以由各事业单位从聘用人员的工资中代为扣缴，统一办理有关手续，并及时以书面形式告知聘用人员。

九、聘用合同如何订立？

经聘用单位负责人员集体研究，按照考试和考核结果择优确定拟聘人员。对拟聘人员应在适当范围进行公示，公示期一般为 7～15 日。聘用单位与拟聘人员签订聘用合同前，按照干部人事管理权限的规定报批或备案。

聘用单位法定代表人或者其委托人与受聘人员签订书面形式的聘用合同，确立人事关系。聘用单位与受聘人员订立聘用合同时，不得收取任何形式的抵押金、抵押物或者其他财物。

十、聘用合同如何变更？

（1）合同双方协商一致，可以变更聘用合同中的具体内容。

（2）聘用合同订立时所依据的法律、法规、规章和政策已经发生变化的，应当依法变更聘用合同的相关内容。

（3）聘用合同确需变更的，由双方按照规定程序签订聘用合同变更书，以书面形式确定合同变更的内容。

（4）聘用人员年度考核或者聘期考核不合格，事业单位可以调整聘用人员的岗位或安排其离岗接受必要的培训后调整岗位，并向聘用人员出具岗位调整通知书，对聘用合同的内容作出相应的变更。

十一、聘用合同如何续签？

聘用合同期满前，双方协商一致，可以按照规定的程序续签聘用合同，续签聘用合同应当在聘用合同期满前30日内办理。续签的聘用合同期限和工作内容等由双方协商确定，并签订聘用合同续签书。

聘用合同期满，没有办理终止聘用合同手续而存在事实聘用工作关系的，视为延续聘用合同，延续聘用合同的期限与原合同期限相同，但最长不超过聘用人员达到退休年龄的年限。

十二、哪些聘用合同是无效合同？

（1）违反国家法律法规的聘用合同。

（2）采取欺诈、胁迫等不正当手段订立的聘用合同。

（3）权利义务显失公正，严重损害一方当事人合法权益的聘用合同。

（4）未经本人书面委托，由他人代签的聘用合同，本人提出异议的。

无效合同由有管辖权的人事争议仲裁委员会确认。

十三、科研人员创新创业的聘用管理有何特殊政策？

（1）科研人员开展"双创"活动，离岗创办企业申请应经事业单位批准，期限不超过3年，期满后创办企业尚未实现盈利的可以申请延长1次，延长期限不超过3年。事业单位应当与离岗创办企业人员订立离岗协议，同时相应变更聘用合同。聘用合同变更后，未执行的合同期限应与离岗协议期限一致。离岗创办企业人员返回时，如无相应岗位空缺，可暂时突破岗位总量和结构比例，将其聘用至不低于离岗创办企业时原岗位等级的岗位，通过自然消化方式逐步核销。

（2）科研人员开展"双创"活动，可在保证保质保量完成本职工作的基础上，进行兼职创新、在职创办企业。兼职创新、在职创办企业人员继续享有参加职称评审、项目申报、岗位竞聘、培训、考核、奖励等各方面权利，工资、社会保险等各项福利待遇不受影响。

（3）事业单位根据开展"双创"活动需要，选派科研人员到企业工作或者参与项目合作，应与科研人员变更聘用合同，约定岗位职责、工作标准和考核、工资待遇等。派出单位、选派人员、派驻企业应当签订三方协议，约定选派人员的工作内容、期限、报酬、奖励等权利义务以及成果转让、开发收益等权益分配内容。

十四、聘用合同在什么情况下终止？

有下列情形之一的，聘用合同终止：

（1）合同期限届满；

（2）双方约定的合同终止条件出现；

（3）聘用人员按照国家有关规定退休或退职的；

（4）聘用人员死亡或者被人民法院宣告死亡的；

（5）聘用单位被依法注销、撤销或者解散的。

十五、事业单位可单方面解除聘用合同的情形有哪些？

聘用人员有下列情形之一的，事业单位可以随时单方面解除合同：

（1）连续旷工超过15个工作日，或者1年内累计旷工超过30个工作日的；

（2）未经聘用单位同意，擅自出国或者出国逾期不归的；

（3）违反工作规定或者操作规程，发生责任事故，或者失职、渎职，造成严重后果的；

（4）严重扰乱工作秩序，致使聘用单位、其他单位工作不能正常进行的；

（5）对在试用期内被证明不符合本岗位要求又不同意单位调整其工作岗位的；

（6）事业单位工作人员受到开除处分的。

聘用人员有下列情形之一，事业单位可以单方面解除聘用合同，但是应当提前30日以书面形式通知聘用人员：

（1）聘用人员患病或者非因工负伤，医疗期满后，不能从事原工作也不能从事由事业单位安排的其他工作的；

（2）聘用人员年度考核不合格且不同意调整工作岗位，或者连续两年年度考核不合格的。

十六、聘用人员可单方面解除聘用合同的情形有哪些？

事业单位聘用人员提前30日书面通知事业单位，可以解除聘用合同。但双方对解除聘用合同另有约定的除外。

有下列情形之一的，聘用人员可以随时单方面解除合同：

（1）在试用期内的；

（2）考入普通高等院校的；

（3）被录用或者选调为公务员的；

（4）依法服兵役的。

除上述情形外，聘用人员提出解除合同未能与事业单位协商一致的，聘用人员应当坚持正常工作，继续履行合同；6个月后再次提出解除合同仍未能与事业单位协商一致的，即可单方面解除合同。

但对在涉及国家秘密岗位上工作，或承担国家和地方重点项目的主要技术负责人和技术骨干，不适用上述规定。

十七、事业单位不得解除聘用合同的情形有哪些？

聘用人员有下列情形之一的，事业单位不得解除聘用合同：

（1）聘用人员患病或者负伤，在规定的医疗期内的；

（2）女职工在孕期、产期和哺乳期内的；

（3）因工负伤，治疗终结后经劳动能力鉴定机构鉴定为1~4级丧失劳动能力的；

（4）患职业病以及现有医疗条件下难以治愈的严重疾病或者精神病的；

（5）聘用人员正在接受纪律审查尚未作出结论的；

（6）属于国家规定的不得解除聘用合同的其他情形的。

十八、解除聘用合同时的特殊要求有哪些？

（1）聘用人员经事业单位出资培训后解除聘用合同，对培训费用的补偿在聘用合同中有约定的，按照合同的约定补偿。

（2）聘用人员解除聘用合同后违反规定使用或者允许他人使用原所在聘用单位的知识产权、技术秘密的，依法承担法律责任。

（3）涉密岗位聘用人员的解聘或者工作调动，应当遵守国家有关涉密人员管理的规定。

十九、解除聘用合同支付经济补偿的情形和标准有何规定？

解除聘用合同应当支付经济补偿的情形有：

（1）事业单位提出解除聘用合同，聘用人员同意解除的；

（2）聘用人员患病或者非因工负伤，医疗期满后，不能从事原工作也不能从事由事业单位安排的其他工作，事业单位单方面解除聘用合同的；

（3）聘用人员年度考核或者聘期考核不合格，又不同意事业单位调整其工作岗位的，或者虽同意调整工作岗位，但到新岗位后考核仍不合格，事业单位单方面解除聘用合同的；

（4）事业单位分立、合并、撤销的，不能安置受聘人员到相应单位就业而解除聘用合同的。

解除聘用合同支付经济补偿的规定为：以聘用人员每工作1年，支付1个月的上一年度本人月平均工资为标准。月平均工资高于当地月平均工资3倍以上的，按当地月平均工资的3倍计算。

二十、聘用合同解除后单位和个人分别有哪些权利义务？

（1）聘用合同解除后，事业单位应当为聘用人员开具《解除聘用合同证明书》，并办理相关手续。双方应当在3个月内办理人事档案转移手续。事业单位不得以任何理由扣留聘用人员的人事档案，聘用人员不得无故不办理档案转移手续。

（2）符合规定的经济补偿条件的，事业单位应当按照国家和本地方的有关规定给予聘用人员经济补偿。

（3）聘用人员在涉密岗位工作的，解除聘用合同应当遵守国家有关涉密人员管理的规定。

（4）聘用人员与所在事业单位的聘用关系解除后，事业单位要按照国家有关规定及时为职工办理社会保险关系调转手续，做好各项社会保险的衔接工作。

二十一、事业单位违反聘用合同约定应承担的责任有哪些？

（1）事业单位有下列情形之一的，应当向聘用人员支付聘用合同约定的赔偿金：

1）克扣或者无故拖欠聘用人员工资的；

2）解除聘用合同后，未依照有关规定给予聘用人员经济补偿的。

（2）因事业单位违反合同约定而造成聘用人员损失的，事业单位应当按照聘用人员的实际损失承担赔偿责任。

（3）事业单位违反合同约定，造成聘用人员中断履行合同的，应继续履行合同，同时负责赔偿在合同中断期间聘用人员的经济损失。

二十二、聘用人员违反聘用合同约定应承担的责任有哪些？

（1）聘用人员经事业单位出资培训，原约定的服务期未满而提出解除聘用合同的，应当向事业单位赔偿培训费，标准由聘用合同约定。

（2）聘用人员违反合同的约定，使用或者允许他人使用事业单位的知识产权、技术秘密的，应当依法承担法律责任。

（3）因聘用人员违反合同约定而造成事业单位损失的，聘用人员应当按照事业单位的实际损失承担赔偿责任。聘用人员违反合同约定，造成事业单位中断履行合同的，应继续履行合同，同时负责赔偿在合同中断期间事业单位的经济损失。

二十三、聘用合同双方发生争议如何处理？

双方因履行聘用合同发生争议的，由当事人双方协商解决。

当事人也可以自争议发生之日起一年内向有管辖权的人事争议仲裁委员会申请仲裁。仲裁时效期间从当事人知道或者应当知道其权利被侵害之日起计算。人事关系存续期间因拖欠劳动报酬发生争议的，工作人员申请仲裁，不受以上仲裁时效期间的限制；但是，人事关系终止的，应当自人事关系终止之日起一年内提出。

对仲裁裁决不服的，可以自收到仲裁裁决之日起15日内向事业单位所在地或者聘用合同履行地的基层人民法院提起诉讼。

一方当事人在法定期间内不起诉又不履行仲裁裁决的，另一方当事人可以向人民法院申请执行。

第六章
事业单位工作人员岗位管理与职称评审

第一节　岗　位　管　理

一、事业单位岗位指什么？

事业单位岗位是指事业单位根据其社会功能、职责任务和工作需要设置的工作岗位，岗位设置应具有明确的岗位名称、职责任务、工作标准和任职条件。

二、事业单位岗位设置的基本原则是什么？

事业单位按照科学合理、精简效能的原则进行岗位设置，坚持按需设岗、竞聘上岗、按岗聘用、合同管理的基本原则。

三、事业单位岗位分哪几类？

事业单位岗位分为管理岗位、专业技术岗位和工勤技能岗位三种类别。

四、管理岗位及其设置的原则是什么？

管理岗位指担负领导职责或管理任务的工作岗位。管理岗位的设置要适应增强单位运转效能、提高工作效率、提升管理水平的需要。

五、专业技术岗位及其设置的原则是什么？

专业技术岗位指从事专业技术工作，具有相应专业技术水平和能力要求的工作岗位。专业技术岗位的设置要符合专业技术工作的规律和特点，适应发展社会公益事业与提高专业水平的需要。

六、工勤技能岗位及其设置的原则是什么？

工勤技能岗位指承担技能操作和维护、后勤保障、服务等职责的工作岗位。工勤技能岗位的设置要适应提高操作维护技能，提升服务水平的要求，满足单位业务工作的实际需要。

七、事业单位能否设置特设岗位？

事业单位可以根据事业发展和工作需要，在经过批准情况下，设置特设岗位。事业单位设置特设岗位主要用于聘用急需的高层次人才等特殊需要。

八、岗位设置管理的范围是什么？

为了社会公益目的，由国家机关举办或者其他组织利用国有资产举办的事业单位，包括经费来源主要由财政拨款、部分由财政支持以及经费自理的事业单位，都要实施岗位设置管理。

经批准参照《中华人民共和国公务员法》进行管理的事业单位、社会团体，各类企业所属的事业单位和事业单位所属独立核算的企业，以及由事业单位已经转制为企业的单位，不纳入事业单位岗位设置管理。

党委、人大、政协、法院、检察院、民主党派和工商联机关，以及人民团体机关所属事业单位的岗位设置管理工作，使用事业编制的各类学会、协会、基金会等党群系统社会团体工作人员，参照事业单位岗位设置管理的规定执行。

经批准参照《中华人民共和国公务员法》进行管理的党群系统事业单位、社会团体，党群系统事业单位所属独立核算的企业，以及由党群系统事业单位已经转制为企业的单位，不适用事业单位岗位设置管理的规定。

九、为什么要分行业进行岗位设置？

事业单位涉及教育、科技、文化、卫生、体育等经济社会发展的各个领域。为实现事业单位岗位设置管理分类指导的原则，应该分行业进行岗位设置。分行业岗位设置能够解决本行业事业单位岗位设置的基本问题，主要是适用范围、岗位名称、岗位总量结构比例和最高等级控制、岗位基本条件等。

十、当前主要的事业单位岗位设置的行业性指导意见有哪些？

（1）《人事部　文化部关于印发〈关于文化事业单位岗位设置管理的指导意见〉的通知》（国人部发〔2007〕19号）。

（2）《人事部　科学技术部关于印发〈关于科学研究事业单位岗位设置管理的指导意见〉的通知》（国人部发〔2007〕24号）。

（3）《人事部　卫生部关于印发〈关于卫生事业单位岗位设置管理的指导意见〉的通知》（国人部发〔2007〕35号）。

（4）《人事部关于印发〈关于机关直属服务性事业单位岗位设置管理的指导意见〉的通知》（国人部发〔2007〕39号）。

（5）《人事部　国家广播电影电视总局关于印发〈关于广播影视事业单位岗位设置管理的指导意见〉的通知》（国人部发〔2007〕48号）。

（6）《人事部　新闻出版总署关于印发〈关于新闻出版事业单位岗位设置管理的指导意见〉的通知》（国人部发〔2007〕50号）。

（7）《人事部　教育部关于印发高等学校、义务教育学校、中等职业学校等教育事业单位岗位设置管理的三个指导意见的通知》（国人部发〔2007〕59号）。

（8）《中共中央组织部　人事部关于做好党群系统事业单位岗位设置管理工作的通知》（国人部发〔2007〕85号）。

（9）《人事部　农业部关于印发〈关于农业事业单位岗位设置管理的指导意见〉的通知》（国人部发〔2007〕97号）。

（10）《人事部　国家体育总局关于印发〈关于体育事业单位岗位设置管理的指导意见〉的通知》（国人部发〔2007〕101号）。

（11）《人力资源和社会保障部　交通运输部关于印发公路、水路交通事业单位岗位设置管理的两个指导意见的通知》（人社部发〔2008〕74号）。

（12）《人力资源和社会保障部　民政部关于民政事业单位岗位设置管理的指导意见》（人社部发〔2008〕84号）。

（13）《人力资源社会保障部　国家文物局关于进一步加强文博事业单位人事管理工作的指导意见》（人社部发〔2019〕120号）。

（14）《人力资源社会保障部　国家林业局关于印发〈关于国有林场岗位设置管

理的指导意见〉的通知》（人社部发〔2015〕54号）。

（15）《人力资源社会保障部　教育部关于印发〈关于进一步完善中小学岗位设置管理的指导意见〉的通知》（人社部发〔2022〕58号）。

（16）《体育总局　中央编办　教育部　人力资源社会保障部关于在学校设置教练员岗位的实施意见》（体人规字〔2023〕3号）。

十一、岗位等级是如何划分的？

事业单位根据岗位性质、职责任务和任职条件，对管理岗位、专业技术岗位、工勤技能岗位分别划分通用的岗位等级。

管理岗位分为10个等级，即一至十级职员岗位。事业单位现行的部级正职、部级副职、厅级正职、厅级副职、处级正职、处级副职、科级正职、科级副职、科员、办事员依次分别对应管理岗位一到十级职员岗位。

专业技术岗位分为13个等级，包括高级岗位、中级岗位和初级岗位。高级岗位分7个等级，即一至七级，其中高级专业技术职务正高级的岗位包括一至四级，副高级的岗位包括五至七级；中级岗位分3个等级，即八至十级；初级岗位分3个等级，即十一至十三级。

工勤技能岗位包括技术工岗位和普通工岗位，其中技术工岗位分为5个等级，即一至五级。普通工岗位不分等级。事业单位中的高级技师、技师、高级工、中级工、初级工，依次分别对应一至五级工勤技能岗位。

特设岗位的等级根据实际需要，按照规定的程序和管理权限确定。

十二、岗位结构比例控制标准如何确定？

根据事业单位的社会功能、职责任务、工作性质和人员结构特点等，政府人事行政部门和事业单位主管部门综合确定事业单位管理岗位、专业技术岗位、工勤技能岗位三类岗位总量的结构比例。

（1）主要以专业技术提供社会公益服务的事业单位，应保证专业技术岗位占主体，一般不低于单位岗位总量的70%。

（2）主要承担社会事务管理职责的事业单位，应保证管理岗位占主体，一般应占单位岗位总量的一半以上。

（3）主要承担技能操作维护、服务保障等职责的事业单位，应保证工勤技能岗位占主体，一般应占单位岗位总量的一半以上。

（4）事业单位主体岗位之外的其他两类岗位，应该保持相对合理的结构比例。

（5）鼓励事业单位后勤服务社会化，逐步扩大社会化服务的覆盖面。已经实现社会化服务的一般性劳务工作，不再设置相应的工勤技能岗位。

十三、管理岗位的最高等级和结构比例如何确定？

管理岗位的最高等级和结构比例根据单位的规格、规模、隶属关系，按照干部人事管理有关规定和权限确定。事业单位现行的部级正职、部级副职、厅级正职、厅级副职、处级正职、处级副职、科级正职、科级副职、科员、办事员依次分别对应管理岗位一到十级职员岗位。根据事业单位的规格、规模和隶属关系，按照干部人事管理权限设置事业单位各等级管理岗位的职员数量。

十四、专业技术岗位的最高等级和结构比例如何确定？

专业技术岗位的最高等级和结构比例（包括高级、中级、初级之间的结构比例以及高级、中级、初级内部各等级之间的比例）根据地区经济、社会事业发展水平和行业特点，以及事业单位的功能、规格、隶属关系和专业技术水平，实行不同的结构比例控制。其中，专业技术高级、中级、初级岗位之间的结构比例全国总体控制目标为1∶3∶6。高级、中级、初级岗位内部不同等级岗位之间的结构比例全国总体控制目标：二级、三级、四级岗位之间的比例为1∶3∶6，五级、六级、七级岗位之间的比例为2∶4∶4，八级、九级、十级岗位之间的比例为3∶4∶3，十一级、十二级岗位之间的比例为5∶5。各级人事部门及事业单位主管部门要严格控制专业技术岗位结构比例，严格控制高级专业技术岗位的总量，事业单位要严格执行核准的专业技术岗位结构比例。

十五、工勤技能岗位的最高等级和结构比例如何确定？

工勤技能岗位的最高等级和结构比例按照岗位等级规范、技能水平和工作需要确定。事业单位中的高级技师、技师、高级工、中级工、初级工，依次分别对应一至五级工勤技能岗位。工勤技能岗位结构比例，一级、二级、三级岗位的总量占工勤技能岗位总量的比例全国总体控制目标为25%左右，一级、二级岗位的总量占工勤技能岗位总量的比例全国总体控制目标为5%左右。工勤技能一级、二级岗位主要应在专业技术辅助岗承担技能操作和维护职责等对技能水平要求较高的领域设置。各地区、各部门要制定政策措施严格控制工勤技能一级、二级岗位的总量。

十六、岗位设置的程序有哪些？

事业单位设置岗位按照以下程序进行：
（1）制定岗位设置方案，填写岗位设置审核表；
（2）按程序报主管部门审核、政府人事行政部门核准；
（3）在核准的岗位总量、结构比例和最高等级限额内，制定岗位设置实施方案；
（4）广泛听取职工对岗位设置实施方案的意见；
（5）岗位设置实施方案由单位负责人员集体讨论通过；
（6）组织实施。

十七、岗位设置方案核准权限有何规定？

国务院直属事业单位的岗位设置方案报中央事业单位人事综合管理部门核准。国务院各部门所属事业单位的岗位设置方案经主管部门审核后，报中央事业单位人事综合管理部门备案。

各省、自治区、直辖市政府直属事业单位的岗位设置方案报本地区事业单位人事综合管理部门核准。各省、自治区、直辖市政府部门所属事业单位的岗位设置方案经主管部门审核后，报本地区事业单位人事综合管理部门核准。

地（市）、县（市）政府所属事业单位的岗位设置方案经主管部门审核后，按程序报地区或设区的地（市）事业单位人事综合管理部门。

国务院直属机构中垂直管理的，其事业单位的岗位设置管理实施方案，报中央事业单位人事综合管理部门备案后，由国务院直属机构组织实施。

实行省以下垂直管理的政府直属机构，其事业单位的岗位设置实施方案，报省（自治区、直辖市）事业单位人事综合管理部门核准后，由该直属机构组织实施。

十八、岗位设置方案能否变更？

事业单位的岗位总量、结构比例和最高等级原则上应保持相对稳定。如果存在下列三种情形之一的，岗位设置方案可按照规定申请变更：

（1）事业单位出现分立、合并，须对本单位的岗位进行重新设置的；

（2）根据上级或同级机构编制部门的正式文件，增减机构编制的；

（3）按照业务发展和实际情况，为完成工作任务确需变更岗位设置的。

十九、岗位基本任职条件是什么？

事业单位岗位基本任职条件包括两方面。

一是管理岗位、专业技术岗位和工勤技能岗位的基本任职条件，包括：

（1）遵守宪法和法律；

（2）具有良好的品行；

（3）岗位所需的专业、能力或技能条件；

（4）适应岗位要求的身体条件。

二是根据岗位的职责任务和任职条件确定的不同岗位类别任职的基本条件。

二十、管理岗位基本任职条件是什么？

事业单位管理岗位基本任职条件包括学历和任职年限两个方面：

（1）学历方面，职员岗位一般应具有中专以上文化程度，其中六级以上职员岗位，一般应具有大学专科以上文化程度，四级以上职员岗位一般应具有大学本科以上文化程度；

（2）任职年限方面，各等级职员岗位的基本任职条件：三级、五级职员岗位，须分别在四级、六级职员岗位上工作两年以上；四级、六级职员岗位，须分别在五级、七级职员岗位上工作三年以上；七级、八级职员岗位，须分别在八级、九级职员岗位上工作三年以上。一级、二级职员岗位按照国家有关规定执行。

二十一、专业技术岗位基本任职条件是什么？

事业单位专业技术岗位基本任职条件为：

（1）专业技术岗位的基本任职条件按照现行专业技术职务评聘的有关规定执行；

（2）实行职业资格准入控制的专业技术岗位的基本条件，应包括准入控制的要求；

（3）各省（自治区、直辖市）、国务院各有关部门以及事业单位在国家规定的专业技术高级、中级、初级岗位基本条件基础上，根据行业指导意见，结合实际情况，制定本地区、本部门以及本单位的具体条件；

（4）专业技术高级、中级、初级岗位内部不同等级岗位的条件，由主管部门和事业单位，按照国家有关规定以及行业指导意见，根据岗位的职责任务、专业技术水平要求等因素综合确定。

二十二、工勤技能岗位基本任职条件是什么？

事业单位工勤技能岗位基本任职条件为：

（1）一级、二级工勤技能岗位，须在本工种下一级岗位工作满5年，并分别通过高级技师、技师技术等级考评；

（2）三级、四级工勤技能岗位，须在本工种下一级岗位工作满5年，并分别通过高级工、中级工技术等级考核；

（3）学徒（培训生）学习期满和工人见习、试用期满，通过初级工技术等级考核后，可确定为五级工勤技能岗位。

二十三、专业技术一级岗位的任职条件与程序是什么？

专业技术一级岗位是国家专设的特级岗位。专业技术一级岗位的任职应具有下列三项条件之一：

（1）中国科学院院士、中国工程院院士；

（2）在自然科学、工程技术、社会科学领域做出系统的、创造性的成就和重大贡献的专家、学者；

（3）其他为国家做出重大贡献，享有盛誉，业内公认的一流人才。

专业技术一级岗位由国家实行总量控制和管理，按照以下基本程序确定：

（1）按照行政隶属关系，事业单位将符合专业技术一级岗位条件的人选逐级上报至省（自治区、直辖市）政府或国务院主管部门；

（2）省（自治区、直辖市）政府或国务院主管部门对专业技术一级岗位人选进行审核后报人力资源和社会保障部；

（3）人力资源和社会保障部会同有关部门对各地区、各部门上报的人选进行审核确定。

二十四、事业单位岗位聘用的前提条件是什么？

事业单位聘用人员，应在岗位有空缺的条件下，按照公开招聘、竞聘上岗的有关规定择优聘用。

二十五、事业单位岗位聘用的原则是什么？

事业单位按有关规定以及核准的岗位设置方案，根据按需设岗、竞聘上岗、按岗聘用的原则，确定具体岗位，明确岗位等级，聘用工作人员，签订聘用合同。

二十六、工作人员是否可以同时在不同类型的岗位上任职？

事业单位工作人员原则上不得同时在两类岗位上任职，因行业特点确需兼任的，须按人事管理权限审批。

第二节 职称评审

一、什么是职称和职称制度？

职称是专业技术人才学术技术水平和专业能力的主要标志。

职称制度是专业技术人才评价和管理的基本制度，对于党和政府团结凝聚专业技术人才，激励专业技术人才职业发展，加强专业技术人才队伍建设具有重要意义。

二、职称有哪些层级？

各职称系列均设置初级、中级、高级职称，其中高级职称分为正高级和副高级，初级职称分为助理级和员级，可根据需要仅设置助理级。

三、职称系列（专业）的各层级名称是什么？

序号	名称	各层级职称名称			
		高级		中级	初级
1	高等学校教师	教授	副教授	讲师	助教
2	哲学社会科学研究人员	研究员	副研究员	助理研究员	研究实习员
3	自然科学研究人员	研究员	副研究员	助理研究员	研究实习员
4	卫生技术人员	主任医师	副主任医师	主治（主管）医师	医师	医士
		主任药师	副主任药师	主管药师	药师	药士
		主任护师	副主任护师	主管护师	护师	护士
		主任技师	副主任技师	主管技师	技师	技士
5	工程技术人员	正高级工程师	高级工程师	工程师	助理工程师	技术员
6	农业技术人员	正高级农艺师	高级农艺师	农艺师	助理农艺师	农业技术员
		正高级畜牧师	高级畜牧师	畜牧师	助理畜牧师	
		正高级兽医师	高级兽医师	兽医师	助理兽医师	
		农业技术推广研究员				
7	新闻专业人员	高级记者	主任记者	记者	助理记者	
		高级编辑	主任编辑	编辑	助理编辑	
8	出版专业人员	编审	副编审	编辑	助理编辑	
9	图书资料专业人员	研究馆员	副研究馆员	馆员	助理馆员	管理员
10	文物博物专业人员	研究馆员	副研究馆员	馆员	助理馆员	

续表

序号	名称	各层级职称名称				
		高级		中级	初级	
11	档案专业人员	研究馆员	副研究馆员	馆员	助理馆员	管理员
12	工艺美术专业人员	正高级工艺美术师	高级工艺美术师	工艺美术师	助理工艺美术师	工艺美术员
13	技工院校教师	正高级讲师	高级讲师	讲师	助理讲师	
		正高级实习指导教师	高级实习指导教师	一级实习指导教师	二级实习指导教师	三级实习指导教师
14	体育专业人员	国家级教练	高级教练	中级教练	初级教练	
		正高级运动防护师	高级运动防护师	中级运动防护师	初级运动防护师	
15	翻译专业人员	译审	一级翻译	二级翻译	三级翻译	
16	播音主持专业人员	播音指导	主任播音员主持人	一级播音员主持人	二级播音员主持人	
17	会计人员	正高级会计师	高级会计师	会计师	助理会计师	
18	统计专业人员	正高级统计师	高级统计师	统计师	助理统计师	
19	经济专业人员	正高级经济师	高级经济师	经济师	助理经济师	
		正高级人力资源管理师	高级人力资源管理师	人力资源管理师	助理人力资源管理师	
		正高级知识产权师	高级知识产权师	知识产权师	助理知识产权师	
20	实验技术人才	正高级实验师	高级实验师	实验师	助理实验师	实验员
21	中等职业学校教师	正高级讲师	高级讲师	讲师	助理讲师	
		正高级实习指导教师	高级实习指导教师	一级实习指导教师	二级实习指导教师	三级实习指导教师
22	中小学教师	正高级教师	高级教师	一级教师	二级教师	三级教师

续表

序号	名称	各层级职称名称			
		高级		中级	初级
23	艺术专业人员	一级演员	二级演员	三级演员	四级演员
		一级演奏员	二级演奏员	三级演奏员	四级演奏员
		一级编剧	二级编剧	三级编剧	四级编剧
		一级导演（编导）	二级导演（编导）	三级导演（编导）	四级导演（编导）
		一级指挥	二级指挥	三级指挥	四级指挥
		一级作曲	二级作曲	三级作曲	四级作曲
		一级作词	二级作词	三级作词	四级作词
		一级摄影（摄像）师	二级摄影（摄像）师	三级摄影（摄像）师	四级摄影（摄像）师
		一级舞美设计师	二级舞美设计师	三级舞美设计师	四级舞美设计师
		一级艺术创意设计师	二级艺术创意设计师	三级艺术创意设计师	四级艺术创意设计师
		一级美术师	二级美术师	三级美术师	四级美术师
		一级文学创作	二级文学创作	三级文学创作	四级文学创作
		一级演出监督	二级演出监督	三级演出监督	四级演出监督
		一级舞台技术	二级舞台技术	三级舞台技术	四级舞台技术
		一级录音师	二级录音师	三级录音师	四级录音师
		一级剪辑师	二级剪辑师	三级剪辑师	四级剪辑师
24	公共法律服务专业人员	一级公证员	二级公证员	三级公证员	四级公证员
		正高级司法鉴定人	副高级司法鉴定人	中级司法鉴定人	初级司法鉴定人
		主任法医师	副主任法医师	主检法医师	法医师

续表

序号	名称	各层级职称名称				
		高级		中级	初级	
25	船舶专业技术人员	正高级船长	高级船长	中级驾驶员	助理驾驶员	驾驶员
		正高级轮机长	高级轮机长	中级轮机员	助理轮机员	轮机员
		正高级船舶电子员	高级船舶电子员	中级船舶电子员	助理船舶电子员	船舶电子员
		正高级引航员	高级引航员	中级引航员	助理引航员	引航员
26	民用航空飞行技术人员	正高级飞行员	一级飞行员	二级飞行员	三级飞行员	
		正高级领航员	一级领航员	二级领航员	三级领航员	
		正高级飞行通信员	一级飞行通信员	二级飞行通信员	三级飞行通信员	
		正高级飞行机械员	一级飞行机械员	二级飞行机械员	三级飞行机械员	
27	审计专业人员	正高级审计师	高级审计师	审计师	助理审计师	

四、什么是职称评审？

职称评审是按照评审标准和程序，对专业技术人才品德、能力、业绩的评议和认定。职称评审结果是专业技术人才聘用、考核、晋升等的重要依据。

五、职称评审的原则是什么？

职称评审坚持德才兼备、以德为先的原则，科学公正评价专业技术人才的职业道德、创新能力、业绩水平和实际贡献。

六、职称评审的标准由谁制定？

职称评审标准分为国家标准、地区标准和单位标准。

各职称系列国家标准由国务院人力资源社会保障行政部门会同行业主管部门制

定；地区标准由各地区人力资源社会保障行政部门会同行业主管部门依据国家标准，结合本地区实际制定；单位标准由具有职称评审权的用人单位依据国家标准、地区标准，结合本单位实际制定。

地区标准、单位标准不得低于国家标准。

七、职称评审管理职责如何分工？

国务院人力资源社会保障行政部门负责全国的职称评审统筹规划和综合管理工作。县级以上地方各级人力资源社会保障行政部门负责本地区职称评审综合管理和组织实施工作。行业主管部门在各自职责范围内负责本行业的职称评审管理和实施工作。

八、职称评审委员会的职能有哪些？

各地区、各部门以及用人单位等按照规定开展职称评审，应当申请组建职称评审委员会。

职称评审委员会负责评议、认定专业技术人才学术技术水平和专业能力，对组建单位负责，受组建单位监督。

九、职称评审委员会组建规则是什么？

（1）职称评审委员会按照职称系列或者专业组建，不得跨系列组建综合性职称评审委员会。

（2）职称评审委员会分为高级、中级、初级职称评审委员会。

（3）职称评审委员会组成人员应当是单数，根据工作需要设主任委员和副主任委员。按照职称系列组建的高级职称评审委员会评审专家不少于25人，按照专业组建的高级职称评审委员会评审专家不少于11人。各地区组建的高级职称评审委员会的人数，经省级人力资源社会保障行政部门同意，可以适当调整。

十、国家对职称评审委员会如何进行备案管理？

国家对职称评审委员会实行核准备案管理制度。职称评审委员会备案有效期不得超过3年，有效期届满应当重新核准备案。

国务院各部门、中央企业、全国性行业协会学会、人才交流服务机构等组建的高级职称评审委员会由国务院人力资源社会保障行政部门核准备案；各地区组建的高级职称评审委员会由省级人力资源社会保障行政部门核准备案；其他用人单位组建的高级职称评审委员会按照职称评审管理权限由省级以上人力资源社会保障行政部门核准备案。

申请组建中级、初级职称评审委员会的条件以及核准备案的具体办法，按照职称评审管理权限由国务院各部门、省级人力资源社会保障行政部门以及具有职称评审权的用人单位制定。

十一、组建高级职称评审委员会应具备哪些条件？

申请组建高级职称评审委员会应当具备下列四项条件：

（1）拟评审的职称系列或者专业为职称评审委员会组建单位主体职称系列或者专业；

（2）拟评审的职称系列或者专业在行业内具有重要影响力，能够代表本领域的专业发展水平；

（3）具有一定数量的专业技术人才和符合条件的高级职称评审专家；

（4）具有开展高级职称评审的能力。

十二、职称评审委员会的评审专家应具备哪些条件？

职称评审委员会的评审专家应当具备下列五项条件：

（1）遵守宪法和法律；
（2）具备良好的职业道德；
（3）具有本职称系列或者专业相应层级的职称；
（4）从事本领域专业技术工作；
（5）能够履行职称评审工作职责。
评审专家每届任期不得超过3年。

十三、申报职称评审的人员应具备哪些基本条件？

申报职称评审的人员应当具备下列三项条件：

（1）申报职称评审的人员应当遵守宪法和法律，具备良好的职业道德，符合相应职称系列或者专业、相应级别职称评审规定的申报条件。

（2）申报职称评审的人员应当为本单位在职的专业技术人才，离退休人员不得申报参加职称评审。

（3）事业单位工作人员受到记过以上处分的，在受处分期间不得申报参加职称评审。

十四、对申报职称评审的人员放宽职称评审条件的情形有哪些？

（1）申报职称评审的人员一般应当按照职称层级逐级申报职称评审。取得重大基础研究和前沿技术突破、解决重大工程技术难题，在经济社会各项事业发展中作出重大贡献的专业技术人才，可以直接申报高级职称评审。

（2）对为国家经济发展和重大战略实施作出突出贡献，具有绝招、绝技、绝活，并长期坚守在生产服务一线岗位工作的高技能领军人才，采取特殊评价办法，建立职称评审绿色通道。获得中华技能大奖、全国技术能手，担任国家级技能大师工作室带头人，享受省级以上政府特殊津贴的高技能人才，或各省（区、市）人民政府认定的"高精尖缺"高技能人才，可直接申报评审正高级或副高级职称。

（3）对引进的海外高层次人才和急需紧缺人才，可以合理放宽资历、年限等条件限制。

（4）对长期在艰苦边远地区和基层一线工作的专业技术人才，侧重考察其实际工作业绩，适当放宽学历和任职年限要求。

十五、申报职称评审的程序如何进行？

（1）个人申报。申报职称评审的人员应当在规定期限内提交申报材料，对其申报材料的真实性负责。

（2）单位内部审核与公示。申报职称评审的人员所在工作单位应当对申报材料进行审核，并在单位内部进行公示，公示期不少于5个工作日，对经公示无异议的，按照职称评审管理权限逐级上报。其中，非公有制经济组织的专业技术人才申报职称评审，可以由所在工作单位或者人事代理机构等履行审核、公示、推荐等程序。自由职业者申报职称评审，可以由人事代理机构等履行审核、公示、推荐等程序。

（3）职称评审委员会组建单位审核。职称评审委员会组建单位按照申报条件对申报材料进行审核。申报材料不符合规定条件的，职称评审委员会组建单位应当一次性告知申报职称评审的人员需要补正的全部内容。逾期未补正的，视为放弃申报。

十六、高技能人才参加职称评审的领域有哪些？

国家以支持高技能人才参加工程系列职称评审为工作重点，将贯通领域扩大为工程、农业、工艺美术、文物博物、实验技术、艺术、体育、技工院校教师等职称系列。支持高技能人才取得经济、会计、统计、审计、翻译、出版、通信、计算机技术与软件等专业技术人员职业资格。

各地区、各有关部门可在职业分类基础上，根据实际情况研究制定新兴职业、新兴领域贯通办法，明确高技能人才参加职称评审的专业对应关系。

十七、高技能人才申报工程系列专业技术职称有何条件？

（1）基本条件。符合国家规定的工程技术人才职称评价基本标准条件；遵守单位规章制度和生产操作规程；具有高级工以上职业资格或职业技能等级，在现工作岗位上近3年年度考核合格。

（2）学历对照条件。技工院校中级工班、高级工班、预备技师（技师）班毕业，可分别按相当于中专、大专、本科学历申报评审相应专业职称。

（3）申报职称的职业资格要求。获得高级工职业资格或职业技能等级后从事技术技能工作满2年，可申报评审相应专业助理工程师；获得技师职业资格或职业技能等级后从事技术技能工作满3年，可申报评审相应专业工程师；获得高级技师职业资格或职业技能等级后从事技术技能工作满4年，可申报评审相应专业高级工程师。

十八、评审委员会组织职称评审的程序如何进行？

（1）召开评审会议。职称评审委员会组建单位组织召开评审会议。评审会议由主任委员或者副主任委员主持，出席评审会议的专家人数应当不少于职称评审委员会人数的三分之二。

（2）评议与投票。职称评审委员会经过评议，采取少数服从多数的原则，通过无记名投票表决，同意票数达到出席评审会议的评审专家总数三分之二以上的即为评审通过。未出席评审会议的评审专家不得委托他人投票或者补充投票。

（3）提出评议意见。根据评审工作需要，职称评审委员会可以按照学科或者专业组成若干评议组，每个评议组评审专家不少于3人，负责对申报职称评审的人员提出书面评议意见；也可以不设评议组，由职称评审委员会3名以上评审专家按照分工，提出评议意见。评议组或者分工负责评议的专家在评审会议上介绍评议情况，作为职称评审委员会评议表决的参考。

（4）宣布评审结果。评审会议结束时，由主任委员或者主持评审会议的副主任委员宣布投票结果，并对评审结果签字确认，加盖职称评审委员会印章。

（5）评议结果公示。职称评审委员会组建单位对评审结果进行公示，公示期不少于5个工作日。公示期间，对通过举报投诉等方式发现的问题线索，由职称评审委员会组建单位调查核实。

（6）确认与备案。经公示无异议的评审通过人员，按照规定由人力资源社会保障行政部门或者职称评审委员会组建单位确认。具有职称评审权的用人单位，其经公示无异议的评审通过人员，按照规定由职称评审委员会核准部门备案。

（7）会议记录。评审会议应当做好会议记录，内容包括出席评委、评审对象、评议意见、投票结果等内容，会议记录归档管理。

十九、评审专家参加评审会议的保密和回避要求有何规定？

评审会议实行封闭管理，评审专家名单一般不对外公布。评审专家和职称评审办事机构工作人员在评审工作保密期内不得对外泄露评审内容，不得私自接收评审材料，不得利用职务之便谋取不正当利益。

评审专家与评审工作有利害关系或者其他关系可能影响客观公正的，应当申请回避。职称评审办事机构发现有应当回避情形的，应当通知评审专家回避。

二十、职称评审结果的复核与投诉机制是什么？

申报职称评审的人员对涉及本人的评审结果不服的，可以按照有关规定申请复查、进行投诉。

二十一、委托非本地区本单位职称评审委员会代评职称有何规定？

不具备职称评审委员会组建条件的地区和单位，可以委托经核准备案的职称评审委员会代为评审。具体办法按照职称评审管理权限由国务院各部门、省级人力资源社会保障行政部门制定。

二十二、专业技术人员职业资格证书如何发放？

专业技术人员职业资格证书包括纸质证书和电子证书两种形式，具有同等法律效力，原则上应当同步制作和发放。

纸质证书原则上由证书发放机构提供纸质证书现场发放服务和邮寄服务。邮寄服务须提供证书邮寄服务的网上申请途径。证书邮寄费用一般由提出申请的持证人支付。现场发放的纸质证书应当由本人领取。确需委托他人代为领取的，应当提供持证人和代领人的身份证件、委托书等。未按时领取的纸质证书，由证书发放机构代为保管，保管期限为自考试结束日起5年。

电子证书由人力资源社会保障部人事考试中心通过中国人事考试网全国专业技术人员职业资格证书查询验证系统提供下载等应用服务。

二十三、专业技术人员职业资格证书无效后如何处理？

有关机构依据专业技术人员职业资格考试违纪违规行为处理规定等作出专业技术人员职业资格证书无效处理后，应当于10个工作日内以书面方式将处理决定和处理事由告知有关考试机构和人力资源社会保障部人事考试中心。

有关考试机构应当于专业技术人员职业资格证书无效处理作出后的15个工作日内完成相关数据处理并提交人力资源社会保障部人事考试中心。人力资源社会保障部人事考试中心应当于接收相关数据后的5个工作日内完成证书查询验证数据的更新工作；已经制发电子证书的，应当同步撤销相应的电子证书。

二十四、国家对职称评审工作如何进行监督管理？

人力资源社会保障行政部门和行业主管部门应当加强对职称评审工作的监督检查。被检查的单位、相关机构和个人应当如实提供与职称评审有关的资料，不得拒绝检查或者谎报、瞒报。

人力资源社会保障行政部门和行业主管部门通过质询、约谈、现场观摩、查阅资料等形式，对各级职称评审委员会及其组建单位开展的评审工作进行抽查、巡查，依据有关问题线索进行倒查、复查。

人力资源社会保障行政部门和行业主管部门应当依法查处假冒职称评审、制作和销售假证等违法行为。

职称评审委员会组建单位应当依法执行物价、财政部门核准的收费标准，自觉接受监督和审计。

二十五、对申报职称评审人员的重点监管包括哪些内容？

对申报职称评审人员重点监管以下方面：

（1）明知不符合职称申报条件仍故意通过虚假承诺、伪造信息等手段进行申报；

（2）在职称评审中提供虚假材料、论文造假代写、剽窃他人作品或者学术成果，业绩成果不实或者造假等；

（3）在职称申报评审中存在说情打招呼、暗箱操作等不正当行为；

（4）其他违规行为。

二十六、对职称评审专家的监管重点包括哪些内容？

对职称评审专家重点监管以下方面：

（1）违规对外公布评审专家身份；

（2）私自接收职称评审材料；

（3）违规对外泄露职称评审内容；

（4）应当回避时未及时申请回避；

（5）在评议、打分、投票等环节存在明显不公；

（6）利用评审专家身份违规为他人职称评审提供便利，谋取不正当利益；

（7）与有关中介等社会机构存在利益交换，不能正确履行评审职责；

（8）其他违规行为。

二十七、对职称评审相关工作人员的监管重点包括哪些内容？

对职称评审相关工作人员重点监管以下方面：

（1）未按规定对职称申报评审材料进行审核；

（2）未按规定选取评审专家，违规对外泄露评审专家信息，应当通知评审专家回避的未及时处理；

（3）私自接收职称评审材料；

（4）违规对外泄露职称评审内容；

（5）应当回避时未及时申请回避；

（6）利用职务之便违规为他人职称评审提供便利，谋取不正当利益；

（7）利用职务之便违规为有关中介等社会机构提供便利，谋取不正当利益；

（8）其他违规行为。

二十八、对职称评审委员会组建单位的监管重点包括哪些内容？

对职称评审委员会组建单位重点监管以下方面：

（1）制定的职称评审办法、评价标准、评审程序等与《关于深化职称制度改革的意见》等国家职称政策要求或者精神不符；

（2）未按照《职称评审管理暂行规定》等有关要求规范组建职称评审委员会，未按规定核准备案或者有效期届满未重新核准备案；

（3）评审专家管理不规范，推荐遴选、培训考核、退出惩戒、责任追究等机制不健全；

（4）未按规定履行申报材料审核职责，放纵、包庇或者协助申报职称评审的人员弄虚作假；

（5）超越职称评审权限，擅自扩大职称评审范围；

（6）组织职称评审或者委托评审不符合国家职称政策要求，评审结果未按规定备案；

（7）利用职称评审权限垄断申报评审渠道，未按规定作出回避决定，人为操控评审过程或者评审结果，巧立名目高额收费，与有关中介等社会机构存在利益勾连等；

（8）对举报投诉的问题线索未及时调查核实，申报人申请复查、投诉渠道不畅通；

（9）其他违规行为。

二十九、对申报职称评审的人员所在单位的监管重点包括哪些内容？

对申报职称评审的人员所在单位重点监管以下方面：

（1）未按规定履行申报材料审核、推荐职责，放纵、包庇或者协助申报职称评审的人员弄虚作假；

（2）未按规定进行申报材料公示，对公示有异议或者投诉举报问题未及时调查核实；

（3）未按照职称评审管理权限及时上报申报材料；

（4）其他违规行为。

三十、职称评审监管部门可以采取的监管方式和形式有哪些？

职称评审监管部门应充分运用随机抽查、定期巡查、重点督查、质量评估、专项整治等多种方式，通过现场观摩、查阅资料等具体形式，有效利用互联网、大数据筛查等信息技术手段，对职称评审全过程实施监管。

三十一、申报职称评审的人员提交虚假评审申报材料如何承担法律责任？

申报职称评审的人员在提交职称申报材料时应同时签订个人承诺书，对申报材料真实性等进行承诺，承诺不实的，3年内不得申报评审职称。申报职称评审的人员存在《职称评审监管暂行办法》第五条所规定违规行为之一的，记入诚信档案库，记录期限为3年，作为以后申报评审职称的重要参考。申报职称评审的人员通过《职称评审监管暂行办法》第五条所规定违规行为取得的职称，一经核实即由人力资源社会保障部门或者职称评审委员会组建单位予以撤销。

申报职称评审的人员所在单位在职称申报评审中存在《职称评审监管暂行办法》第九条所规定违规行为之一的，监管部门应责令限期整改。整改不力的，依法予以通报批评。

三十二、职称评审委员会组建单位及工作人员违规行为如何承担法律责任？

（1）职称评审委员会组建单位的法律责任。职称评审委员会组建单位存在《职称评审监管暂行办法》第八条所规定违规行为之一的，监管部门应给予工作提醒，责令其限期整改、消除影响；存在第八条规定的两项以上违规行为，评审管理松散、把关不严，导致投诉较多、争议较大的，监管部门应给予工作约谈，责令其立即停止评审工作、限期整改、消除影响；在一个备案周期内受到2次提醒或者1次约谈，经整改仍无明显改善的，按照职称评审管理权限由人力资源社会保障部门或者有关单位收回其职称评审权。

（2）评审专家的法律责任。评审专家在开展职称评审时应同时签订个人承诺书，对履行评审职责、公平公正评审等事项作出承诺。评审专家存在《职称评审监管暂行办法》第六条所规定违规行为之一的，记入诚信档案库，记录期限为3年，取消评审专家资格，通报其所在单位，并建议所在单位给予相应处理。《职称评审管理暂行规定》还规定，评审专家违反职称评审纪律规定，构成犯罪的，依法追究刑事责任。

（3）职称评审相关工作人员的法律责任。职称评审相关工作人员存在《职称评审监管暂行办法》第七条所规定违规行为之一的，记入诚信档案库，记录期限为3年，记录期限内不得从事职称评审相关工作，依法予以通报批评。《职称评审管理暂行规定》还规定，职称评审办事机构工作人员违反评审纪律规定，构成犯罪的，依法追究刑事责任。

此外，单位和个人在职称申报评审中违纪违法的，按照《中国共产党纪律处分条例》《中华人民共和国公职人员政务处分法》《事业单位工作人员处分规定》等追究党纪政务责任。情节严重涉嫌犯罪的，移送有关机关依法处理。

第七章
事业单位工作人员考核、培训与继续教育

第一节 考核制度

一、事业单位工作人员考核的内涵和目的是什么？

事业单位工作人员考核，是指事业单位或者主管机关（部门）按照干部人事管理权限及规定的标准和程序，对事业单位工作人员的政治素质、履职能力、工作实绩、作风表现等进行的了解、核实和评价。

开展事业单位工作人员考核工作的主要目的，一是推动建设堪当民族复兴重任、忠诚干净担当的高素质专业化事业单位工作人员队伍，把新时代好干部标准落到实处。二是准确评价事业单位工作人员的德才表现和工作实绩，激励督促事业单位工作人员提高政治业务素质，认真履行职责，并为其晋升、聘任、奖惩、培训、辞退以及调整工资待遇提供依据。

二、事业单位工作人员考核的原则有哪些？

事业单位工作人员考核工作，坚持以习近平新时代中国特色社会主义思想为指导，贯彻新时代党的组织路线和干部工作方针政策，着眼于充分调动事业单位工作人员积极性主动性创造性、促进新时代公益事业高质量发展，坚持尊重劳动、尊重知识、尊重人才、尊重创造，全面准确评价事业单位工作人员，鲜明树立新时代选人用人导向，推动形成能者上、优者奖、庸者下、劣者汰的良好局面。工作中，应当坚持下列原则：

（1）党管干部、党管人才；

（2）德才兼备、以德为先；

（3）事业为上、公道正派；

（4）注重实绩、群众公认；

（5）分级分类、简便有效；

（6）考用结合、奖惩分明。

三、德、能、勤、绩、廉的考核具体要求有哪些？

事业单位工作人员考核，以岗位职责和所承担的工作任务为基本依据，全面考核德、能、勤、绩、廉，突出对德和绩的考核。

（1）德。坚持将政治标准放在首位，全面考核政治品质和道德品行，重点了解学习贯彻习近平新时代中国特色社会主义思想，坚定拥护"两个确立"，增强"四个意识"、坚定"四个自信"、做到"两个维护"，坚定理想信念，坚守初心使命，忠于宪法、忠于国家、忠于人民的情况；做到坚持原则、敢于斗争、善于斗争的情况；模范践行社会主义核心价值观，胸怀祖国、服务人民，恪守职业道德，遵守社会公德、家庭美德和个人品德等情况。

（2）能。全面考核适应新时代要求履行岗位职责的政治能力、工作能力、专业素养和技术技能水平，重点了解政治判断力、政治领悟力、政治执行力和学习调研能力、依法办事能力、群众工作能力、沟通协调能力、贯彻执行能力、改革创新能力、应急处突能力等情况。

（3）勤。全面考核精神状态和工作作风，重点了解爱岗敬业、勤勉尽责、担当作为、锐意进取、勇于创造、甘于奉献等情况。

（4）绩。全面考核践行以人民为中心的发展思想，依法依规履行岗位职责、承担急难险重任务、为群众职工办实事等情况，重点了解完成工作的数量、质量、时效、成本，产生的社会效益和经济效益，服务对象满意度等情况。

（5）廉。全面考核廉洁从业情况，重点了解落实中央八项规定及其实施细则精神，执行本系统、本行业、本单位行风建设相关规章制度，遵规守纪、廉洁自律等情况。

四、事业单位工作人员实行分级分类考核主要指哪些？

对事业单位工作人员实行分级分类考核，考核内容应当细化明确考核要素和具体指标，体现不同行业、不同类型、不同层次、不同岗位工作人员的特点和具体要求，增强针对性、有效性。

（一）不同类型的事业单位考核要求不同

（1）对面向社会提供公益服务的事业单位工作人员的考核，突出公益服务职责，加强服务质量、行为规范、技术技能、行风建设等考核。宣传思想文化、教育、科技、卫生健康等重点行业领域事业单位要按照分类推进人才评价机制改革有关要求，分别确定工作人员考核内容的核心要素，合理设置指标权重，实行以行业属性为基础的差别化考核。

（2）对主要为机关提供支持保障的事业单位工作人员的考核，突出履行支持保障职责情况考核。根据实际情况，可以与主管机关（部门）工作人员考核统筹。

（二）不同类型的工作岗位考核要求不同

（1）对事业单位专业技术人员的考核，应当结合专业技术工作特点，以创新价值、能力、贡献为导向，注重公共服务意识、专业理论知识、专业能力水平、创新服务及成果等。

（2）对事业单位管理人员的考核，应当结合管理工作特点，注重管理水平、组织协调能力、工作规范性、廉政勤政情况等。

（3）对事业单位工勤技能人员的考核，应当结合工勤技能工作特点，注重技能水平、服务态度、质量、效率等。

五、事业单位工作人员考核的主要方式是什么？

事业单位工作人员考核的主要方式有年度考核、聘期考核、平时考核和专项考核。

六、年度考核及其档次有何规定？

事业单位工作人员的年度考核是以年度为周期对工作人员总体表现所进行的综

合性考核，一般在每年年末或者次年年初进行。

年度考核的结果一般分为优秀、合格、基本合格和不合格四个档次。

七、年度考核确定为优秀档次有哪些条件？

年度考核确定为优秀档次应具备下列条件：

（1）思想政治素质高，理想信念坚定，贯彻落实党中央决策部署坚决有力，模范遵守法律法规，恪守职业道德，具有良好社会公德、家庭美德和个人品德；

（2）履行岗位职责能力强，精通本职业务，与岗位要求相应的专业技术技能或者管理水平高；

（3）公共服务意识和工作责任心强，勤勉敬业奉献，改革创新意识强，工作作风好；

（4）全面履行岗位职责，高质量地完成各项工作任务，工作实绩突出，对社会或者单位有贡献，服务对象满意度高；

（5）廉洁从业且在遵守廉洁纪律方面具有模范带头作用。

八、年度考核确定为合格档次有哪些条件？

年度考核确定为合格档次应当具备下列条件：

（1）思想政治素质较高，能够贯彻落实党中央决策部署，自觉遵守法律法规和职业道德，具有较好社会公德、家庭美德和个人品德；

（2）履行岗位职责能力较强，熟悉本职业务，与岗位要求相应的专业技术技能或者管理水平较高；

（3）公共服务意识和工作责任心较强，工作认真负责，工作作风较好；

（4）能够履行岗位职责，较好地完成工作任务，服务对象满意度较高；

（5）廉洁从业。

九、年度考核应当确定为基本合格档次的情形有哪些？

事业单位工作人员有下列情形之一的，年度考核应当确定为基本合格档次：

（1）思想政治素质一般，在贯彻落实党中央决策部署以及遵守职业道德、社会公德、家庭美德、个人品德等方面存在明显不足；

（2）履行岗位职责能力较弱，与岗位要求相应的专业技术技能或者管理水平较低；

（3）公共服务意识和工作责任心一般，工作纪律性不强，工作消极，或者工作作风方面存在明显不足；

（4）能够基本履行岗位职责、完成工作任务，但完成工作的数量不足、质量和效率不高，或者在工作中有一定的失误，或者服务对象满意度较低；

（5）能够基本做到廉洁从业，但某些方面存在不足。

十、年度考核应当确定为不合格档次的情形有哪些？

事业单位工作人员有下列情形之一的，年度考核应当确定为不合格档次：

（1）思想政治素质较差，在贯彻落实党中央决策部署以及职业道德、社会公德、家庭美德、个人品德等方面存在严重问题；

（2）业务素质和工作能力不能适应岗位要求；

（3）公共服务意识和工作责任心缺失，工作不担当、不作为，或者工作作风差；

（4）不履行岗位职责、未能完成工作任务，或者在工作中因严重失职失误造成重大损失或者恶劣社会影响；

（5）在廉洁从业方面存在问题，且情形较为严重。

十一、年度考核由谁组织实施？

对事业单位工作人员开展年度考核，可以成立考核委员会或者考核工作领导小组，负责考核工作的组织实施，相应的组织人事部门承担具体工作。

考核委员会或者考核工作领导小组有两种组成方法。

（1）由本单位成立。一般由单位主要负责人担任主任（组长），成员由单位其他领导人员、组织人事部门和纪检监察机构有关人员、职工代表等组成。

（2）由主管机关（部门）成立。一般由主管机关（部门）组织人事部门负责人担任主任（组长），成员由主管机关（部门）组织人事部门有关人员以及事业单位有关领导人员、从事组织人事和纪检监察工作的有关人员、职工代表等组成。

十二、年度考核的程序是怎样进行的？

年度考核一般按照下列程序进行：

（1）制定方案。考核委员会或者考核工作领导小组制定事业单位年度考核工作方案，通过职工代表大会或者其他形式听取工作人员意见后，面向全单位发布。

（2）总结述职。事业单位工作人员按照岗位职责任务、考核内容以及有关要求进行总结，填写年度考核表，必要时可以在一定范围内述职。

（3）测评、核实与评价。考核委员会或者考核工作领导小组可以采取民主测评、绩效评价、听取主管领导意见以及单位内部评议、服务对象满意度调查、第三方评价等符合岗位特点的方法，对考核对象进行综合评价，提出考核档次建议。

（4）确定档次。事业单位领导班子或者主管机关（部门）组织人事部门集体研究审定考核档次。拟确定为优秀档次的须在本单位范围进行公示，公示期一般不少于5个工作日。考核结果以书面形式告知被考核人员，由本人签署意见。

十三、年度考核优秀档次人数应如何把握？

（1）事业单位工作人员年度考核优秀档次人数，一般不超过本单位应参加年度考核的工作人员总人数的20%。

（2）优秀档次名额应当向一线岗位、艰苦岗位以及获得表彰奖励的人员倾斜。

（3）事业单位在相应考核年度内有下列情形之一的，经主管机关（部门）或者同级事业单位人事综合管理部门审核同意，工作人员年度考核优秀档次的比例可以适当提高，一般掌握在25%：

1）单位获得集体记功以上奖励的；

2）单位取得重大工作创新或者作出突出贡献，取得有关机关（部门）认定的；

3）单位绩效考核获得优秀档次的。

（4）对单位绩效考核为不合格档次的，以及问题较多、被问责的事业单位，主管机关（部门）或者同级事业单位人事综合管理部门应当降低其年度考核优秀档次比例，一般不超过15%。

十四、聘期考核指的是什么？

聘期考核是对事业单位工作人员在一个完整聘期内总体表现所进行的全方位考核，以聘用（任）合同为依据，以聘期内年度考核结果为基础，一般在聘用（任）合同期满前一个月内完成。聘期考核侧重考核聘期任务目标完成情况。

十五、聘期考核的程序是怎样进行的?

事业单位工作人员聘期考核一般应当按照总结述职,测评、核实与评价,实绩分析,确定档次等程序进行,结合实际也可以与年度考核统筹进行。

十六、聘期考核的结果如何确定?

聘期考核的结果一般分为合格和不合格两个档次。

(1)事业单位工作人员完成聘期目标任务,且聘期内年度考核均在合格及以上档次的,聘期考核应当确定为合格档次。

(2)事业单位工作人员无正当理由,未完成聘期目标任务的,聘期考核应当确定为不合格档次。

十七、平时考核及其方式有何规定?

平时考核是对事业单位工作人员日常工作和一贯表现所进行的经常性考核。对事业单位工作人员开展的平时考核,主要是结合日常管理工作进行,根据行业和单位特点,可以采取工作检查、考勤记录、谈心谈话、听取意见等方法,具体操作由事业单位结合实际确定。

事业单位可以根据自身实际,探索建立平时考核记录,形成考核结果。平时考核结果可以采用考核报告、评语、档次或者鉴定等形式确定。

十八、专项考核及其方式有何规定?

专项考核是对事业单位工作人员在完成重要专项工作、承担急难险重任务、应对和处置突发事件中的工作态度、担当精神、作用发挥、实际成效等情况所进行的针对性考核。

根据平时掌握情况,对表现突出或者问题反映较多的工作人员,可以进行专项考核。

对事业单位工作人员开展专项考核,可以按照了解核实、综合研判、结果反馈等程序进行,或者结合推进专项工作灵活安排。

专项考核结果可以采用考核报告、评语、档次或者鉴定等形式确定。

十九、考核结果使用的基本要求有哪些？

（1）坚持考用结合，将考核结果与选拔任用、培养教育、管理监督、激励约束、问责追责等结合起来，作为事业单位工作人员调整岗位、职务、职员等级、工资和评定职称、奖励，以及变更、续订、解除、终止聘用（任）合同等的依据。

（2）考核中发现事业单位工作人员存在问题的，根据问题性质和情节轻重，依规依纪依法给予处理、处分；对涉嫌犯罪的，依法追究刑事责任。

（3）事业单位工作人员考核形成的结论性材料，应当存入本人干部人事档案。

二十、平时考核与专项考核结果如何使用？

平时考核、专项考核结果作为年度考核、聘期考核的重要参考。运用平时考核、专项考核结果，有针对性地加强激励约束、培养教育，鼓励先进、鞭策落后。

二十一、年度考核结果如何使用？

（1）事业单位工作人员年度考核被确定为合格以上档次的，按照下列规定办理：

1）增加一级薪级工资；

2）按照有关规定发放绩效工资；

3）本考核年度计算为现聘岗位（职员）等级的任职年限。

其中，年度考核被确定为优秀档次的，在绩效工资分配时，同等条件下应当予以倾斜；在岗位晋升、职称评聘时，同等条件下应当予以优先考虑。

（2）事业单位工作人员年度考核被确定为基本合格档次的，按照下列规定办理：

1）责令作出书面检查，限期改进；

2）不得增加薪级工资；

3）相应核减绩效工资；

4）本考核年度不计算为现聘岗位（职员）等级的任职年限，下一考核年度内不得晋升岗位（职员）等级；

5）连续两年被确定为基本合格档次的，予以组织调整或者组织处理。

（3）事业单位工作人员年度考核被确定为不合格档次的，按照下列规定办理：

1）不得增加薪级工资；

2）相应核减绩效工资；

3）向低一级岗位（职员）等级调整；

4）本考核年度不计算为现聘岗位（职员）等级的任职年限；

5）被确定为不合格档次且不同意调整工作岗位，或者连续两年被确定为不合格档次的，可以按规定解除聘用（任）合同。

其中，受处理、处分时已按规定降低岗位（职员）等级且当年年度考核被确定为不合格档次的，为避免重复处罚，不再向低一级岗位（职员）等级调整。

二十二、年度考核结果为"不确定档次"的如何使用？

事业单位工作人员年度考核不确定档次的，按照下列规定办理：

（1）不得增加薪级工资；

（2）相应核减绩效工资；

（3）本考核年度不计算为现聘岗位（职员）等级的任职年限，连续两年不确定档次的，视情况调整工作岗位。

二十三、聘期考核结果如何使用？

事业单位工作人员聘期考核被确定为合格档次且所聘岗位存续的，经本人、单位协商一致，可以续订聘用（任）合同。

聘期考核被确定为不合格档次的，合同期满一般不再续聘；特殊情况确需续订聘用（任）合同的，应当报经主管机关（部门）审核同意。

二十四、新入职事业单位工作人员当年如何进行年度考核？

（1）对初次就业的事业单位工作人员，在本单位工作不满考核年度半年的（含试用期），参加年度考核，只写评语，不确定档次。

（2）对非初次就业的工作人员，当年在其他单位工作时间与本单位工作时间合并计算，不满考核年度半年的（含试用期），参加年度考核，只写评语，不确定档次；满考核年度半年的（含试用期），由其现所在事业单位进行年度考核并确定档次，原工作单位提供有关情况。

其他单位工作时间，可以根据干部人事档案有关记载、劳动合同、社会保险缴费证明等综合认定。

二十五、事业单位外派工作人员如何进行年度考核？

对事业单位外派的工作人员进行年度考核，按照下列规定办理。

（1）挂职、援派、驻外的工作人员，在外派期间一般由工作时间超过考核年度半年的单位进行考核并以适当的方式听取派出单位或者接收单位的意见。

（2）单位派出学习培训、执行任务的工作人员，经批准以兼职创新、在职创办企业或者选派到企业工作、参与项目合作等方式进行创新创业的专业技术人员，由人事关系所在单位进行考核，主要根据学习培训、执行任务、创新创业的表现确定档次，由相关单位提供在外表现情况。

二十六、对同时在两类岗位任职的人员如何进行考核？

对同时在事业单位管理岗位和专业技术岗位两类岗位任职人员的考核，应当以两类岗位的职责任务为依据，实行双岗位双考核。

二十七、涉嫌违纪违法的工作人员如何进行考核？

（1）事业单位工作人员涉嫌违纪违法被立案审查调查尚未结案的，参加年度考核，不写评语，不确定档次。结案后未受处分或者给予警告处分的，按规定补定档次。

（2）受党纪政务处分或者组织处理、诫勉的工作人员参加年度考核，按照有关规定办理。

（3）同时受党纪政务处分和组织处理的，按照对其年度考核结果影响较重的处理、处分确定年度考核结果。

二十八、年度考核其他特殊情形还有哪些？

（1）对高校、科研院所等事业单位的科研人员，立足其工作特点，探索完善考核方法，合理确定考核周期和频次，促进科研人员潜心研究、创造科研成果。

（2）病假、事假、非单位派出外出学习培训累计超过考核年度半年的工作人员，参加年度考核，不确定档次。

（3）女职工按规定休产假超过考核年度半年的，参加年度考核，确定档次。

（4）对无正当理由不参加考核的工作人员，经教育后仍拒绝参加的，直接确定其考核档次为不合格。

二十九、当事人对考核结果有异议如何处理？

事业单位工作人员对考核确定为基本合格或者不合格档次不服的，可以按照有关规定申请复核、提出申诉。

第二节 培 训 制 度

一、事业单位工作人员培训工作的指导思想和原则是什么？

事业单位工作人员培训工作坚持以习近平新时代中国特色社会主义思想为指导，以坚定理想信念宗旨为根本，以全面增强公共服务本领为重点，突出政治训练、政治历练、强化专业能力、专业精神，坚持政治统领、服务大局，坚持分类分级、全员覆盖，坚持精准效能、按需施训，坚持依法治教、从严管理，增强培训的系统性、持续性、针对性、有效性。

二、基本培训内容和重点提升的能力有哪些？

事业单位工作人员培训应坚持将学习贯彻习近平新时代中国特色社会主义思想摆在最突出位置，教育引导事业单位工作人员增强"四个意识"，坚定"四个自信"，做到"两个维护"。

事业单位工作人员培训应重点提升事业单位工作人员的理想信念、思想觉悟、职业道德和综合素养。管理人员培训，注重提高管理能力、专业水平和职业素养；专业技术人员培训，注重提高专业技术水平和创新创造创业能力；工勤技能人员培训，注重提高职业技能水平和实际操作能力。

三、分类培训及其学时要求有何规定？

事业单位工作人员培训分为岗前培训、在岗培训、转岗培训和专项培训。事业单位工作人员有接受培训的权利和义务，一般每年度参加各类培训的时间累计不少于 90 学时或者 12 天。

（1）岗前培训。一般在工作人员聘用之日起 6 个月内完成，最长不超过 12 个月，累计时间不少于 40 学时或者 5 天。

（2）在岗培训。管理人员在一个聘期内至少参加一次不少于 20 学时或者 3 天的公共科目脱产培训；专业技术人员、工勤技能人员在岗培训分别按照继续教育、职业技能培训等相关规定执行。

（3）转岗培训。一般应当在岗位类型或者岗位职责任务发生变化前完成，根据工作需要，也可在发生变化后 3 个月内完成，累计时间不少于 40 学时或者 5 天。

（4）专项培训。新聘用工作人员参加专项培训的，其培训时间可计入岗前培训累计时间中。

四、岗前培训的对象和内容要求是什么？

对事业单位新聘用工作人员应当进行岗前培训，以提高适应单位和岗位工作的能力。对新引进的高层次人才，可以根据实际情况灵活安排岗前培训。

岗前培训内容包括公共科目和专业科目。公共科目包括应当普遍掌握的政治理论、法律法规、政策知识、行为规范、纪律要求等。专业科目包括所聘或者拟聘岗位所需的理论、知识、技术、技能等。

五、岗前公共科目和专业科目培训的组织方式有哪些？

岗前公共科目培训由事业单位人事综合管理部门编制计划，统一组织或者委托专门培训机构组织，或者授权主管部门、事业单位按规定组织，一般采取脱产培训方式进行。为顺应干部教育培训数字化发展趋势，更好满足相关培训需求，一些地方事业单位人事综合管理部门积极组织开展线上岗前公共科目培训。

岗前专业科目培训由主管部门或者事业单位组织，一般采取脱产培训、网络培训、以师带徒等方式进行。

六、管理人员在岗培训的内容要求是什么？

正常在岗的事业单位工作人员应当定期参加在岗培训。管理人员在岗培训内容包括公共科目和专业科目。

（1）公共科目参照岗前培训公共科目的内容要求执行。

（2）专业科目包括所聘岗位需要更新的政策法规、理论知识和管理实务，包括公共管理、财务、资产、人事、外事、安全、保密、信息化等。

七、管理人员在岗培训的组织方式有哪些？

（1）公共科目。管理人员在岗期间公共科目培训由主管部门负责，统一组织或者委托专门培训机构组织，一般采取脱产培训、网络培训、在职自学等方式进行，在一个聘期内至少参加一次不少于20学时或者3天的公共科目脱产培训。

（2）专业科目。管理人员在岗期间专业科目培训由主管部门负责，统一组织或者委托专门培训机构组织，或者授权事业单位按规定组织，一般采取脱产培训、网络培训、集体学习等方式进行。

八、专业技术人员和工勤技能人员的在岗培训有何要求？

专业技术人员、工勤技能人员在岗培训分别按照继续教育、职业技能培训等相关规定执行，注重加强政治理论、职业道德、爱国奉献精神等方面培训。

九、转岗培训的对象和目的是什么？

对岗位类型发生变化或者岗位职责任务发生较大变化的事业单位工作人员应当进行转岗培训，以提高适应新岗位职责任务的能力。

十、转岗培训的内容要求是什么？

事业单位工作人员岗位类型发生变化的，转岗培训内容根据其拟聘或者所聘岗位类型，按照《事业单位工作人员培训规定》第四条中有关培训内容的要求执行。

岗位类型不变但岗位职责任务发生较大变化的，转岗培训内容根据实际情况确定。

十一、转岗培训的方式有哪些？

转岗培训的方式由事业单位或者主管部门自主确定。转岗培训一般应当在岗位类型或者岗位职责任务发生变化前完成，根据工作需要，也可在发生变化后 3 个月内完成，累计时间不少于 40 学时或者 5 天。

十二、专项培训的对象和要求是什么？

对参加重大项目、重大工程、重大行动等特定任务的事业单位工作人员应当进行专项培训，以适应完成特定任务的要求。专项培训的内容和方式由任务组织方根据该工作任务的实际需要确定，可以采取团队集训等办法进行。

十三、对授课人员严格把关的要求有哪些？

从事事业单位培训工作的授课人员，必须拥护中国共产党的领导，不得传播违反党的理论和路线方针政策、违反中央决定的错误观点。培训组织方要对师资人选和培训内容进行严格把关。

十四、培训登记管理的要求有哪些？

事业单位工作人员培训实行登记管理。事业单位应当建立和完善工作人员培训档案，对工作人员参加培训的种类、内容、时间和考试考核结果等情况进行登记。

十五、组织调训制度的要求有哪些？

健全组织调训制度，加强统筹协调，避免和防止多头调训、重复培训、长期不训等问题。探索"错峰"调训和分段式培训，缓解工学矛盾。

十六、参训纪律和违纪处理有何规定？

事业单位工作人员必须严格遵守学习培训和廉洁自律各项规定，完成规定的培训任务。事业单位工作人员因故未按规定参加培训或者未达到培训要求的，应当及时补训。

事业单位工作人员无正当理由不参加培训，视情节轻重，给予批评教育直至组织处理或者处分。参加培训期间违反培训有关规定和纪律的，视情节轻重，给予批评教育直至组织处理或者处分。

十七、干部教育培训学员管理规定还有哪些纪律要求？

事业单位工作人员作为学员培训期间，必须认真贯彻落实中央八项规定及其实施细则精神，严格遵守学习培训、安全保密和廉洁自律各项规定，严禁聚餐和饮酒，严禁借培训之机外出旅游，严格遵守以下禁止性规定。

（1）严禁参加任何形式的可能影响学习培训、公正执行公务的宴请、饮酒和娱乐活动；学员之间、学员和教师之间、学员和工作人员之间不得相互宴请。班级、支部、小组不得以集体活动为名聚餐吃请。

（2）不准接受和赠送礼品、礼金、有价证券、支付凭证、纪念品、土特产等。学员之间不准以学习交流、对口走访、交叉考察、集体调研等名义互请旅游。

（3）学习培训期间不再承担所在单位的工作、会议、出差、出国（境）考察等任务，不得无故旷课，不得擅自离校。

第三节 继 续 教 育

一、如何把握专业技术人员继续教育的含义和原则？

专业技术人员继续教育是面向全体专业技术人员的人才培养制度，以非学历教育为主体，以提升能力为核心，紧密结合生产实践和工作岗位需求培养专业技术人才，在推动转变经济发展方式、提高我国自主创新能力、加强人才队伍建设等方面发挥着重要作用。

继续教育应当以经济社会发展和科技进步为导向，以能力建设为核心，突出针对性、实用性和前瞻性，坚持理论联系实际、按需施教、讲求实效、培养与使用相结合的原则。

二、继续教育的经费由谁来保障？

继续教育实行政府、社会、用人单位和个人共同投入机制。企业、事业单位等应当依照法律、行政法规和国家有关规定提取和使用职工教育经费，不断加大对专业技术人员继续教育经费的投入。

三、继续教育实行怎样的管理体制？

继续教育工作实行统筹规划、分级负责、分类指导的管理体制。人力资源社会保障部负责对全国专业技术人员继续教育工作进行综合管理和统筹协调，制定继续教育政策，编制继续教育规划并组织实施。县级以上地方人力资源社会保障行政部门负责对本地区专业技术人员继续教育工作进行综合管理和组织实施。行业主管部门在各自职责范围内依法做好本行业继续教育的规划、管理和实施工作。

四、继续教育公需科目和专业科目的内容有哪些？

继续教育内容包括公需科目和专业科目。公需科目包括专业技术人员应当普遍掌握的法律法规、理论政策、职业道德、技术信息等基本知识。专业科目包括专业技术人员从事专业工作应当掌握的新理论、新知识、新技术、新方法等专业知识。

五、对继续教育年度累计学时有什么要求？

专业技术人员参加继续教育的时间，每年累计应不少于90学时，其中，专业科目一般不少于总学时的三分之二。

六、获取继续教育学时的主要方式有几种？

专业技术人员通过下列方式参加继续教育的，计入本人当年继续教育学时：
（1）参加培训班、研修班或者进修班学习；
（2）参加相关的继续教育实践活动；
（3）参加远程教育；
（4）参加学术会议、学术讲座、学术访问等活动；
（5）符合规定的其他方式。

继续教育方式和学时的具体认定办法，由省、自治区、直辖市人力资源社会保障行政部门制定。

专业技术人员执行援派任务或挂职锻炼的，可视同参加继续教育。专业技术人员参加的学历教育、发表的论文或著作、承担的授课或报告等，均可按规定计算继续教育学时。

七、组织和参加继续教育的途径有哪些？

事业单位可以结合本单位发展战略和岗位要求，组织开展继续教育活动或者参加本行业组织的继续教育活动，为本单位专业技术人员参加继续教育提供便利。

专业技术人员根据岗位要求和职业发展需要，参加本单位组织的继续教育活动，也可以利用业余时间或者经用人单位同意利用工作时间，参加本单位组织之外的继续教育活动。

八、如何保障专业技术人员的继续教育权利？

专业技术人员经用人单位同意，脱产或者半脱产参加继续教育活动的，用人单位应当按照国家有关规定或者与工作人员的约定，支付工资、福利等待遇。

用人单位安排专业技术人员在工作时间之外参加继续教育活动的，双方应当约定费用分担方式和相关待遇。

专业技术人员承担全部或者大部分继续教育费用的，用人单位不得指定继续教育机构。

专业技术人员按照有关法律法规规定从事有职业资格要求工作的，用人单位应当为其参加继续教育活动提供保障。

九、国家实施专业技术人才知识更新工程的基本内容是什么？

为深入实施人才强国战略，加强全国专业技术人才队伍建设，促进专业技术人才能力素质提升，人力资源社会保障部、财政部、工业和信息化部、科技部、教育部、中国科学院决定自2021年起实施新一轮专业技术人才知识更新工程。重点在新一代信息技术、生物技术、新能源、新材料、高端装备、新能源汽车、绿色环保以及航空航天、海洋装备等战略性新兴产业领域，开展大规模知识更新继续教育，每年培训 100 万名高层次、急需紧缺和骨干专业技术人才；依托高等院校、科研院所、大型企业现有施教机构，建设一批国家级专业技术人员继续教育基地。重点项目包括高级研修项目、专业技术人员能力提升项目、数字技术工程师培育项目、国家级专业技术人员继续教育基地建设项目。

十、继续教育的激励机制有哪些？

事业单位应当建立本单位专业技术人员继续教育与使用、晋升相衔接的激励机制，把专业技术人员参加继续教育情况作为专业技术人员考核评价、岗位聘用的重要依据。专业技术人员参加继续教育情况应当作为聘任专业技术职务或者申报评定上一级资格的重要条件。有关法律法规规定专业技术人员参加继续教育作为职业资格登记或者注册的必要条件的，从其规定。

十一、继续教育情况的登记内容有哪些？

用人单位应当建立继续教育登记管理制度，对专业技术人员参加继续教育的种类、内容、时间和考试考核结果等情况进行记录。

十二、对继续教育机构有什么管理要求？

依法成立的高等院校、科研院所、大型企业的培训机构等各类教育培训机构（统称继续教育机构）可以面向专业技术人员提供继续教育服务。

继续教育机构应当具备与继续教育目的任务相适应的场所、设施、教材和人员，建立健全相应的组织机构和管理制度。

（1）在教学管理方面，继续教育机构应当认真实施继续教育教学计划，向社会公开继续教育的范围、内容、收费项目及标准等情况，建立教学档案，根据考试考核结果如实出具专业技术人员参加继续教育的证明。

（2）在网络培训方面，继续教育机构可以充分利用现代信息技术开展远程教育，形成开放式的继续教育网络，为基层、一线专业技术人员更新知识结构、提高能力素质提供便捷高效的服务。

（3）在师资队伍方面，继续教育机构应当按照专兼职结合的原则，聘请具有丰富实践经验、理论水平高的业务骨干和专家学者，建设继续教育师资队伍。

十三、继续教育基地设立的分级管理指什么？

人力资源社会保障部按照国家有关规定遴选培训质量高、社会效益好、在继续教育方面起引领和示范作用的继续教育机构，建设国家级专业技术人员继续教育基地。

县级以上地方人力资源社会保障行政部门和有关行业主管部门可以结合实际，建设区域性、行业性专业技术人员继续教育基地。

截至 2023 年年底，全国已设立 1 300 多家各类继续教育基地，覆盖了新一轮专业技术人才知识更新工程的重点领域，搭建了人才培养平台。

十四、国家对继续教育工作如何进行宏观指导？

（1）健全继续教育公共服务体系。人力资源社会保障行政部门会同有关行业主管部门和行业组织，建立健全继续教育公共服务体系，搭建继续教育公共信息综合服务平台，发布继续教育公需科目指南和专业科目指南。

（2）建设继续教育课程和建材体系。人力资源社会保障行政部门会同有关行业主管部门和行业组织，根据专业技术人员不同岗位、类别和层次，加强课程和教材体系建设，推荐优秀课程和优秀教材，促进优质资源共享。

（3）举办公益性继续教育活动。人力资源社会保障行政部门和有关行业主管部门直接举办继续教育活动的，应当突出公益性，不得收取费用。人力资源社会保障行政部门和有关行业主管部门委托继续教育机构举办继续教育活动的，应当依法通过招标等方式选择，并与继续教育机构签订政府采购合同，明确双方权利和义务。鼓励和支持企业、事业单位、行业组织等举办公益性继续教育活动。

（4）建立继续教育登记统计制度。人力资源社会保障行政部门应当建立继续教育统计制度，对继续教育人数、时间、经费等基本情况进行常规统计和随机统计，建立专业技术人员继续教育情况数据库。

（5）组织继续教育效果评估和检查。人力资源社会保障行政部门或者其委托的第三方评估机构可以对继续教育效果实施评估，评估结果作为政府有关项目支持的重要参考。

人力资源社会保障行政部门应当依法对用人单位、继续教育机构执行《专业技术人员继续教育规定》的情况进行监督检查。

十五、个人和单位违反继续教育规定的法律责任有哪些?

(一)用人单位的法律责任

用人单位违反《专业技术人员继续教育规定》的,由人力资源社会保障行政部门或者有关行业主管部门责令改正;给专业技术人员造成损害的,依法承担赔偿责任。

(二)专业技术人员的法律责任

专业技术人员违反《专业技术人员继续教育规定》,无正当理由不参加继续教育或者在学习期间违反学习纪律和管理制度的,用人单位可视情节给予批评教育、不予报销或者要求退还学习费用。

(三)继续教育机构的法律责任

继续教育机构违反《专业技术人员继续教育规定》的,由人力资源社会保障行政部门或者有关行业主管部门责令改正,给予警告。

(四)行政与行业主管部门及其工作人员的法律责任

人力资源社会保障行政部门、有关行业主管部门及其工作人员,在继续教育管理工作中不认真履行职责或者徇私舞弊、滥用职权、玩忽职守的,由其上级主管部门或者监察机关责令改正,并按照管理权限对直接负责的主管人员和其他直接责任人员依法予以处理。

第八章
事业单位工作人员奖励与处分

第一节 奖励制度

一、事业单位工作人员或集体获得奖励的基本条件是什么?

事业单位工作人员或者集体有下列情形之一的,给予奖励:
(1)长期服务基层,爱岗敬业,表现突出的;
(2)在执行国家重要任务、应对重大突发事件中表现突出的;
(3)在工作中有重大发明创造、技术革新的;
(4)在培养人才、传播先进文化中作出突出贡献的;
(5)有其他突出贡献的。

二、事业单位奖励工作遵循的基本原则是什么?

事业单位工作人员奖励工作,应当服务经济社会发展,符合事业单位特点,体现时代性、导向性、实效性,丰富奖励形式,发挥奖励的正向激励作用。主要遵循以下原则:
(1)坚持党管干部、党管人才;
(2)坚持德才兼备、以德为先;
(3)坚持事业为上、突出业绩贡献;
(4)坚持公开公平公正、严格标准程序;
(5)坚持精神奖励与物质奖励相结合、以精神奖励为主;

（6）坚持定期奖励与及时奖励相结合、以定期奖励为主。

三、给予事业单位工作人员和集体奖励的类型有哪些？

对事业单位工作人员和集体可以嘉奖、记功、记大功、授予称号。

（1）对表现突出、作出较大贡献，在本单位发挥模范带头作用的，给予嘉奖；

（2）对取得突破性成就、作出重大贡献，在本地区本行业本领域产生较大影响的，记功；

（3）对取得重大突破性成就、作出杰出贡献，在本地区本行业本领域产生重大影响的，记大功；

（4）对功绩卓著的，授予称号。

授予称号以及荣誉称号，按照《中国共产党党内功勋荣誉表彰条例》《国家功勋荣誉表彰条例》等有关规定执行。

四、给予事业单位工作人员和集体奖励的情形有哪些？

事业单位工作人员和集体有下列情形之一的，可以给予奖励。

（1）在贯彻执行党的理论和路线方针政策，加强事业单位党建工作，履行公共服务的政治责任等方面，表现突出、成绩显著的。

（2）在执行党和国家重大战略部署、重要任务、承担重要专项工作、维护公共利益、防止或者消除重大事故、抢险救灾减灾等方面，表现突出、成绩显著的。

（3）热爱公共服务事业，在推进教育、科技、文化、医疗卫生、体育、农业等领域改革发展方面，表现突出、成绩显著的。

（4）长期服务基层，在为民服务、爱岗敬业、担当奉献等方面，表现突出、成绩显著的。

（5）工作中有发明创造、技术创新、成果转化等，经济效益或者社会效益显著的。

（6）在维护国家安全和社会稳定、增进民族团结、同违纪违法行为作斗争等方面，有突出事迹和功绩的。

（7）在对外交流与合作、重大赛事和活动中为国家争得荣誉和利益，表现突出、成绩显著的。

（8）有其他突出成绩和贡献需要给予奖励的。

此外，对事业单位工作人员集体进行奖励的，可以同时对该集体中作出突出贡献的个人进行奖励。对符合奖励条件的已故人员，可以追授奖励。

五、给予党中央和国家机关所属事业单位工作人员和集体奖励由谁作出？

给予党中央、国务院直属事业单位工作人员和集体的嘉奖、记功、记大功，由本单位按照干部人事管理权限作出。

给予中央各部门所属事业单位工作人员和集体的嘉奖、记功、记大功，由本单位或者主管部门按照干部人事管理权限作出。其中，记大功奖励方案应当事先征得中央事业单位人事综合管理部门同意，并在作出记大功奖励决定后1个月内备案。

六、给予省级以下事业单位工作人员和集体奖励由谁作出？

给予省（自治区、直辖市）级以下事业单位工作人员和集体奖励，按照下列权限进行。

（1）嘉奖。省（自治区、直辖市）级、市（地、州、盟）级事业单位由本单位或者主管机关（部门）按照干部人事管理权限作出，县（市、区、旗）级以下事业单位报县（市、区、旗）级事业单位人事综合管理部门批准并作出。

（2）记功。省（自治区、直辖市）级事业单位由本单位或者主管机关（部门）按照干部人事管理权限作出，市（地、州、盟）级以下事业单位报市（地、州、盟）级事业单位人事综合管理部门批准并作出。

（3）记大功。报省（自治区、直辖市）级事业单位人事综合管理部门批准并作出。

上述由事业单位或者主管机关（部门）作出的奖励决定，应当在1个月内向同级事业单位人事综合管理部门备案。

省（自治区、直辖市）级以上事业单位人事综合管理部门可以会同相关行业主管部门开展奖励工作。市（地、州、盟）级以上事业单位人事综合管理部门可以跨层级对下级事业单位工作人员和集体作出嘉奖、记功奖励决定。

七、如何制作与颁发奖励证书、奖章和奖牌？

对获得嘉奖、记功、记大功的事业单位工作人员和集体，由奖励决定单位颁发奖励证书；获得记功、记大功的，同时对个人颁发奖章，对集体颁发奖牌。

奖励证书、奖章和奖牌，按照中央事业单位人事综合管理部门规定的式样、规格、质地，由省（自治区、直辖市）级以上事业单位人事综合管理部门统一制作或者监制。奖励相关审批材料分别存入本人干部人事档案、单位文书档案。

八、如何给予一次性奖金和其他物质奖励？

对获得嘉奖、记功、记大功的事业单位工作人员给予一次性奖金。获奖人员所在地区或者单位经批准可以追加其他物质奖励。

经批准的奖励所需经费，通过相关单位现有经费渠道解决，不计入工作人员所在单位绩效工资总额。

九、如何对获得奖励的人员和集体进行褒奖？

对获得奖励的事业单位工作人员和集体，可以结合实际以内部通报表扬、评优评先等形式进行褒奖，并在工作上、生活上给予关心关怀，激励其珍惜和保持荣誉，发挥先进典型示范引领作用。

十、定期奖励如何实施？

根据工作需要和队伍建设实际开展定期奖励，一般以年度或者聘（任）期为周期，以年度考核、聘（任）期考核结果为主要依据。奖励具体时间由奖励决定单位根据行业实际、工作特点等确定，可以结合年度考核、聘（任）期考核等工作进行。

十一、定期奖励如何确定比例（名额）？

定期奖励的比例（名额），由奖励决定单位结合事业单位数量、人员规模、职责任务、工作绩效等因素统筹确定。给予工作人员嘉奖、记功，一般分别不超过工作人员总数的20%、2%，事业单位整体表现突出的，其工作人员嘉奖比例一般不超过25%。

十二、定期奖励按照什么程序进行？

定期奖励工作一般按照下列程序进行。

（1）有关机关（部门）或者事业单位依据奖励权限制定奖励工作方案，明确奖励范围、条件、种类、比例（名额）、程序和纪律要求等，并予以公布。

（2）主管机关（部门）或者事业单位提出奖励建议名单，逐级上报。

（3）奖励决定单位审批。根据需要组织评选或者听取业内专家、服务对象等有关方面意见；对拟奖励名单，应当听取纪检监察机关的意见，涉及领导人员的，应当按照干部管理权限事先征得组织人事部门同意。

（4）在奖励决定单位管辖范围内对拟奖励名单进行公示，公示期不少于5个工作日。因涉及国家秘密不宜公开的，可以不予公示。

（5）作出奖励决定并予以公布。因涉及国家秘密不宜公开的，可以不向社会公布。

十三、县级以下事业单位定期奖励比例（名额）有倾斜政策吗？

定期奖励的比例（名额）应当向基层和艰苦边远地区事业单位倾斜，向一线工作人员倾斜。县（市、区、旗）级以下事业单位的奖励比例（名额）可以根据实际在本县（市、区、旗）范围内统筹使用。

十四、及时奖励的情形、比例（名额）与程序有何规定？

对在应对重大突发事件、完成重大专项工作等方面，作出显著成绩和贡献的事业单位工作人员和集体，应当及时给予奖励。

及时奖励的比例（名额）由奖励决定单位依据奖励权限，结合实际确定。及时奖励情况可以作为定期奖励的重要参考。

及时奖励一般由主管机关（部门）或者事业单位制定奖励方案，提出拟奖励名单，参照定期奖励的程序，依据奖励权限作出奖励决定。

十五、奖励工作中责令限期改正的违规情形有哪些？

奖励工作应当严格遵守政治纪律和政治规矩、组织人事纪律、工作纪律、财经纪律、廉洁纪律，保守国家秘密和工作秘密。有下列情形之一的，县（市区、旗）

级以上事业单位人事综合管理部门或者主管机关（部门）应当责令限期改正；逾期不改正或者构成违纪的，按照有关规定给予组织处理或者纪律处分；涉嫌违法犯罪的，按照国家有关法律规定处理。

（1）不按照规定的奖励范围、条件、种类、权限、比例（名额）、程序等开展奖励的。

（2）徇私舞弊、弄虚作假的。

（3）泄露国家秘密，或者泄露工作秘密造成不良后果的。

（4）因奖励工作失误导致奖励结果显失公平，造成不良后果的。

（5）按照有关规定应当回避而没有回避的。

（6）其他违反《事业单位工作人员奖励规定》行为的。

十六、不得给予奖励或者撤销奖励的情形有哪些？

有下列情形之一的，不得给予奖励；已经作出奖励决定的，由奖励决定单位按程序撤销奖励。

（1）政治品质、廉洁自律存在问题，或者道德品行、遵规守纪等方面存在问题、造成严重不良影响的。

（2）申报奖励时隐瞒严重错误或者弄虚作假骗取奖励的。

（3）严重违反规定的奖励权限或者程序的。

（4）法律法规规定应当撤销奖励的。

十七、事业单位工作人员或集体的奖励被撤销后如何处理？

撤销奖励的，注销和收回获奖个人或者集体的奖励证书、奖章、奖牌，撤销其获得的待遇，追缴所获奖金等物质奖励。

撤销奖励的，应当予以公布。因涉及国家秘密不宜公开的，可以不向社会公布。相关材料分别存入本人干部人事档案、单位文书档案。

第二节 处分制度

一、事业单位工作人员处分适用的制度有哪些？

事业单位工作人员的处分一般适用《事业单位人事管理条例》《事业单位工作人员处分规定》等。事业单位工作人员属于公职人员的，适用《中华人民共和国公职人员政务处分法》；事业单位工作人员中党员的违规违纪行为还适用《中国共产党纪律处分条例》。

二、给予处分秉持的基本要求是什么？

（1）给予事业单位工作人员处分，应当坚持党管干部、党管人才原则；坚持公正、公平；坚持惩治与教育相结合；

（2）给予事业单位工作人员处分，应当与其违法违纪行为的性质、情节、危害程度相适应；

（3）给予事业单位工作人员处分，应当事实清楚、证据确凿、定性准确、处理恰当、程序合法、手续完备。

三、处分与政务处分的类型有哪些？

对普通事业单位工作人员处分的种类为警告、记过、降低岗位等级、开除。

对事业单位的公职人员，依据《中华人民共和国公职人员政务处分法》，政务处分的种类为警告、记过、记大过、降级、撤职、开除。

四、处分与政务处分的影响期是什么？

事业单位工作人员受处分的影响期为：警告，6个月；记过，12个月；降低岗位等级，24个月。处分决定自作出之日起生效，处分期自处分决定生效之日起计算。

对事业单位的公职人员，依据《中华人民共和国公职人员政务处分法》，政务处分的影响期为：警告，6个月；记过，12个月；记大过，18个月；降级、撤职，24个月。政务处分决定自作出之日起生效，政务处分期自政务处分决定生效之日起计算。

五、给予处分的违纪行为有哪些？

（1）违反政治纪律的行为；

（2）违反组织人事纪律的行为；

（3）违反工作纪律失职渎职的行为；

（4）违反廉洁从业纪律的行为；

（5）违反财经纪律的行为；

（6）严重违反职业道德的行为；

（7）严重违反公共秩序、社会公德的行为。

六、违反政治纪律的行为及其处分种类是什么？

（1）散布有损宪法权威、中国共产党领导和国家声誉的言论的；

（2）参加旨在反对宪法、中国共产党领导和国家的集会、游行、示威等活动；

（3）拒不执行或者变相不执行中国共产党和国家的路线方针政策、重大决策部署的；

（4）参加非法组织、非法活动的；

（5）利用宗教活动破坏民族团结和社会稳定的；挑拨、破坏民族关系，或者参加民族分裂活动的；

（6）在对外交往中损害国家荣誉和利益的；

（7）携带含有依法禁止内容的书刊、音像制品、电子出版物进入境内的；

（8）其他违反政治纪律的行为。

事业单位工作人员有上述行为之一的，应当给予记过处分；情节较重的，给予降低岗位等级处分；情节严重的，给予开除处分。有上述第二项、第四项、第五项行为之一的，对策划者、组织者和骨干分子，给予开除处分。公开发表反对宪法确立的国家指导思想，反对中国共产党领导，反对社会主义制度，反对改革开放的文章、演说、宣言、声明等的，给予开除处分。

七、违反组织人事纪律的行为及其处分种类是什么？

（1）采取不正当手段为本人或者他人谋取岗位；

（2）在事业单位选拔任用、公开招聘、考核、培训、回避、奖励、申诉、职称评审等人事管理工作中有违反组织人事纪律行为的；

（3）其他违反组织人事纪律的行为。

事业单位工作人员有上述行为之一的，给予警告或者记过处分；情节较重的，给予降低岗位等级处分；情节严重的，给予开除处分。篡改、伪造本人档案资料的，给予记过处分；情节严重的，给予降低岗位等级处分。违反规定出境或者办理因私出境证件的，给予记过处分；情节严重的，给予降低岗位等级处分。违反规定取得外国国籍或者获取境外永久居留资格、长期居留许可的，给予降低岗位等级以上处分。

八、违反工作纪律的行为及其处分种类是什么？

（1）在执行国家重要任务、应对公共突发事件中，不服从指挥、调遣或者消极对抗的；

（2）破坏正常工作秩序，给国家或者公共利益造成损失的；

（3）违章指挥、违规操作，致使人民生命财产遭受损失的；

（4）发生重大事故、灾害、事件，擅离职守或者不按规定报告、不采取措施处置或者处置不力的；

（5）在项目评估评审、产品认证、设备检测检验等工作中徇私舞弊，或者违反规定造成不良影响的；

（6）泄露国家秘密，或者泄露因工作掌握的内幕信息、个人隐私，造成不良后果的；

（7）其他违反工作纪律失职渎职的行为。

事业单位工作人员有上述行为之一的，应当给予警告或者记过处分；情节较重的，给予降低岗位等级处分；情节严重的，给予开除处分。

九、违反廉洁从业纪律的行为及其处分种类是什么？

（1）贪污、索贿、受贿、行贿、介绍贿赂、挪用公款的；

(2)利用工作之便为本人或者他人谋取不正当利益的；

(3)在公务活动或者工作中接受礼品、礼金、各种有价证券、支付凭证的；

(4)利用知悉或者掌握的内幕信息谋取利益的；

(5)用公款旅游或者变相用公款旅游的；

(6)违反国家规定，从事、参与营利性活动或者兼任职务领取报酬的；

(7)其他违反廉洁从业纪律的行为。

事业单位工作人员有上述行为之一的，应当给予警告或者记过处分；情节较重的，给予降低岗位等级处分；情节严重的，给予开除处分。

十、违反财经纪律的行为及其处分种类是什么？

(1)违反国家财政收入上缴有关规定的；

(2)违反规定使用、骗取财政资金或者违反规定使用、骗取、隐匿、转移、侵占、挪用社会保险基金的；

(3)擅自设定收费项目或者擅自改变收费项目的范围、标准和对象的；

(4)挥霍、浪费国家资财或者造成国有资产流失的；

(5)违反国有资产管理规定，擅自占有、使用、处置国有资产的；

(6)在招标投标和物资采购工作中违反有关规定，造成不良影响或者损失的；

(7)其他违反财经纪律的行为。

事业单位工作人员有上述行为之一的，应当给予警告或者记过处分；情节较重的，给予降低岗位等级处分；情节严重的，给予开除处分。

十一、严重违反职业道德的行为及其处分种类是什么？

(1)利用专业技术或者技能实施违规违纪违法行为的；

(2)有抄袭、剽窃、侵吞他人学术成果，伪造、篡改数据文献，或者捏造事实等学术不端行为的；

(3)利用职业身份进行利诱、威胁或者误导，损害他人合法权益的；

(4)利用权威、地位或者掌控的资源，压制不同观点，限制学术自由，造成重大损失或者不良影响的；

(5)在申报岗位、项目、荣誉等过程中弄虚作假的；

(6)工作态度恶劣，造成不良社会影响的；

（7）其他严重违反职业道德的行为。

事业单位工作人员有上述行为之一的，应当给予警告或者记过处分；情节较重的，给予降低岗位等级处分；情节严重的，给予开除处分。事业单位工作人员有第一项规定行为的，给予记过以上处分。

十二、严重违反公共秩序、社会公德的行为及其处分种类是什么？

（1）违背社会公序良俗，在公共场所有不当行为，造成不良影响的；

（2）制造、传播违法违禁物品及信息的；

（3）参与赌博活动的；

（4）有实施家庭暴力，虐待、遗弃家庭成员，或者拒不承担赡养、抚养、扶养义务等的；

（5）其他严重违反公共秩序、社会公德的行为。

事业单位工作人员有上述行为之一的，应当给予警告或者记过处分；情节较重的，给予降低岗位等级处分；情节严重的，给予处分。事业单位工作人员有吸食、注射毒品，组织赌博，组织、支持、参与卖淫、嫖娼、色情淫乱活动的，给予降低岗位等级以上处分。

十三、从轻、减轻或免除处分的情形有哪些？

事业单位工作人员有下列情形之一的，可以从轻或者减轻给予处分：

（1）主动交代本人应当受到处分的违规违纪违法行为的；

（2）配合调查，如实说明本人违规违纪违法事实的；

（3）主动采取措施，有效避免、挽回损失或者消除不良影响的；

（4）检举他人违规违纪违法行为，情况属实的；

（5）在共同违规违纪违法行为中起次要或者辅助作用的；

（6）主动上交或者退赔违规违纪违法所得的；

（7）其他从轻或者减轻情节。

事业单位工作人员违规违纪违法行为情节轻微，且具有上述从轻或者减轻处分情形之一的，可以对其进行谈话提醒、批评教育、责令检查或者予以诫勉，免予或者不予处分。

事业单位工作人员因不明真相被裹挟或者被胁迫参与违规违纪违法活动，经批评教育后确有悔改表现的，可以减轻、免予或者不予处分。

十四、从重处分的情形有哪些？

事业单位工作人员有下列情形之一的，应当从重处分：
（1）在处分期内再次故意违规违纪违法，应当受到处分的；
（2）在二人以上的共同违规违纪违法行为中起主要作用的；
（3）隐匿、伪造、销毁证据的；
（4）串供或者阻止他人揭发检举、提供证据材料的；
（5）包庇同案人员的；
（6）胁迫、唆使他人实施违规违纪违法行为的；
（7）拒不上交或者退赔违规违纪违法所得的；
（8）法律、法规、规章规定的其他从重情节。

十五、有两种以上需要给予处分的行为的如何处理？

事业单位工作人员同时有两种以上需要给予处分的行为的，应当分别确定其处分。应当给予的处分种类不同的，执行其中最重的处分；应当给予开除以外多个相同种类处分的，执行该处分，处分期应当按照一个处分期以上、多个处分期之和以下确定，但是最长不得超过48个月。

事业单位工作人员在受处分期间受到新的处分的，其处分期为原处分期尚未执行的期限与新处分期限之和，但是最长不得超过48个月。

十六、二人以上共同违规违纪违法如何给予处分？

事业单位工作人员二人以上共同违规违纪违法，需要给予处分的，按照各自应当承担的责任，分别给予相应的处分。

十七、已经退休事业单位工作人员违规违纪违法行为如何处理？

已经退休的事业单位工作人员退休前或者退休后有违规违纪违法行为应当受到处分的，不再作出处分决定，但是可以对其立案调查；依规依纪依法应当给予降低岗位等级以上处分的，应当按照规定相应调整其享受的待遇。

事业单位的已退休公职人员在退休前或者退休后有违法行为的，不再给予政务处分，但是可以对其立案调查；依法应当予以降级、撤职、开除的，应当按照规定相应调整其享受的待遇。对其违法取得的财物和用于违法行为的本人财物按照处理在职公职人员违规违法所得的规定处理。已经离职或者死亡的公职人员在履职期间有违法行为的，依照此款规定处理。

十八、因犯罪行为给予开除处分的情形有哪些？

事业单位工作人员犯罪，有下列情形之一的，给予开除处分：
（1）因故意犯罪被判处管制、拘役或者有期徒刑以上刑罚（含宣告缓刑）的；
（2）因过失犯罪被判处有期徒刑，刑期超过三年的；
（3）因犯罪被单处或者并处剥夺政治权利的。

十九、因过失犯罪行为可不予开除的情形有哪些？

事业单位工作人员因过失犯罪被判处管制、拘役或者三年以下有期徒刑的，一般应当给予开除处分；案件情况特殊，给予降低岗位等级处分更为适当的，可以不予开除，但是应当报请事业单位主管部门批准，并报同级事业单位人事综合管理部门备案。

二十、因犯罪行为被单处罚金等情形下的处分如何适用？

事业单位工作人员因犯罪被单处罚金，或者犯罪情节轻微，人民检察院依法作出不起诉决定或者人民法院依法免予刑事处罚的，给予降低岗位等级处分；造成不良影响的，给予开除处分。

二十一、哪些部门有对事业单位工作人员给予处分的权限？

对事业单位工作人员的处分，按照干部人事管理权限，由事业单位或者事业单位主管部门决定。对中央和地方直属事业单位工作人员的处分，按照干部人事管理权限，由本单位或者有关部门决定。

二十二、哪些部门有对事业单位工作人员给予开除处分的权限？

开除处分由事业单位主管部门决定，并报同级事业单位人事综合管理部门备案。对中央和地方直属事业单位工作人员，由本单位作出开除处分决定的，报同级事业单位人事综合管理部门备案。

二十三、对事业单位工作人员的处分程序如何进行？

对事业单位工作人员的处分，按照以下程序办理。

（1）对事业单位工作人员违规违纪违法行为初步调查后，需要进一步查证的，应当按照干部人事管理权限，经事业单位负责人批准或者有关部门同意后立案。

（2）对被调查的事业单位工作人员的违规违纪违法行为作进一步调查，收集、查证有关证据材料，并形成书面调查报告。

（3）将调查认定的事实及拟给予处分的依据告知被调查的事业单位工作人员，听取其陈述和申辩，并对其所提出的事实、理由和证据进行复核，记录在案。被调查的事业单位工作人员提出的事实、理由和证据成立的，应予采信。

（4）按照处分决定权限，作出对该事业单位工作人员给予处分、免予不予处分或者撤销案件的决定。

（5）处分决定单位印发处分决定。

（6）将处分决定以书面形式通知受处分事业单位工作人员本人和有关单位，并在一定范围内宣布。

（7）将处分决定存入受处分事业单位工作人员的档案。

二十四、受处分后是否可以参加年度考核和评定档次？

事业单位工作人员受到警告处分的，在作出处分决定的当年，参加年度考核，不能确定为优秀档次；受到记过处分的当年，受到降低岗位等级处分的当年及第二年，参加年度考核，只写评语，不确定档次。

二十五、受到降低岗位等级处分后岗位聘用如何调整？

事业单位工作人员受到降低岗位等级处分的，自处分决定生效之日起降低一个以上岗位和职员等级聘用，按照事业单位收入分配有关规定确定其工资待遇；对同时在管理和专业技术两类岗位任职的事业单位工作人员发生违规违纪违法行为的，给予降低岗位等级处分时，应当同时降低两类岗位的等级，并根据违规违纪违法的情形与岗位性质的关联度确定降低岗位类别的主次。

事业单位工作人员在受处分期间，不得聘用到高于现聘岗位和职员等级。

二十六、受开除处分后人事关系如何处理?

事业单位工作人员受到开除处分的,自处分决定生效之日起,终止其与事业单位的人事关系。

二十七、受处分期间可以参加职称评审或职业技能等级认定吗?

事业单位工作人员受到记过以上处分的,在受处分期间不得参加专业技术职称评审或者工勤技能人员职业技能等级认定。

二十八、对事业单位工作人员立案调查的工作要求有哪些?

(1)对事业单位工作人员案件进行调查,应当由二名以上办案人员进行;接受调查的单位和个人应当如实提供情况。

(2)以暴力、威胁、引诱、欺骗等非法方式收集的证据不得作为定案的根据。

(3)在调查中发现事业单位工作人员受到不实检举、控告或者诬告陷害,造成不良影响的,应当按照规定及时澄清事实,恢复名誉,消除不良影响。

(4)参与事业单位工作人员案件调查、处理的人员应当回避的,执行《事业单位人事管理回避规定》等有关规定。

二十九、被立案调查期间是否可以继续履职?

事业单位工作人员已经被立案调查,不宜继续履职的,可以按照干部人事管理权限,由事业单位或者有关部门暂停其职责。被调查的事业单位工作人员在案件立案调查期间,不得解除聘用合同、出境,所在单位不得对其交流、晋升、奖励或者办理退休手续。

事业单位的公职人员涉嫌违法,已经被立案调查,不宜继续履行职责的,公职人员任免机关、单位可以决定暂停其履行职务。公职人员在被立案调查期间,未经监察机关同意,不得出境、辞去公职;被调查公职人员所在机关、单位及上级机关、单位不得对其交流、晋升、奖励、处分或者办理退休手续。

三十、对作出处分决定的期限有何要求?

给予事业单位工作人员处分,应当自批准立案之日起6个月内作出决定;案情复杂或者遇有其他特殊情形的可以延长，但是办案期限最长不得超过 12 个月。

三十一、处分决定包含哪些内容？

（1）受处分事业单位工作人员的姓名、工作单位、原所聘岗位（所任职务）名称及等级、职员等级等基本情况；

（2）经查证的违规违纪违法事实；

（3）处分的种类、受处分的期间和依据；

（4）不服处分决定的申诉途径和期限；

（5）处分决定单位的名称、印章和作出决定的日期。

三十二、受处分工作人员的违规违纪违法所得如何处置？

事业单位工作人员违规违纪违法取得的财物和用于违规违纪违法的财物，除依法应当由其他机关没收、追缴或者责令退赔的，由处分决定单位没收、追缴或者责令退赔；应当退还原所有人或者原持有人的，依法予以退还；属于国家财产或者不应当退还以及无法退还的，上缴国库。

事业单位公职人员因违法行为获得的职务、职级、衔级、级别、岗位和职员等级、职称、待遇、资格、学历、学位、荣誉、奖励等其他利益，监察机关应当建议有关机关、单位、组织按规定予以纠正。

三十三、解除处分的条件是什么？

事业单位工作人员受开除以外的处分，在受处分期间有悔改表现，并且没有再出现违规违纪违法情形的，处分期满后自动解除处分。

三十四、解除处分后人事管理与待遇如何调整？

事业单位工作人员处分解除后，考核及晋升岗位和职员等级、职称、工资待遇按照国家有关规定执行，不再受原处分的影响。但是，受到降低岗位等级处分的，不恢复受处分前的岗位、职员等级、工资待遇；无岗位、职员等级可降而降低薪级工资的，处分解除后，不恢复受处分前的薪级工资。

事业单位公职人员政务处分解除后，晋升职务、职级、衔级、级别、岗位和职员等级、职称、薪酬待遇不再受原政务处分影响。但是，解除降级、撤职的，不恢复原职务、职级、衔级、级别、岗位和职员等级、职称、薪酬待遇。

三十五、对处分决定申请复核和提出申诉的管辖和时限有何规定？

受到处分的事业单位工作人员对处分决定不服的，可以自知道或者应当知道该处分决定之日起 30 日内向原处分决定单位申请复核。对复核结果不服的，可以自接到复核决定之日起 30 日内，按照《事业单位工作人员申诉规定》等有关规定向原处分决定单位的主管部门或者同级事业单位人事综合管理部门提出申诉。受到处分的中央和地方直属事业单位工作人员的申诉，按照干部人事管理权限，由同级事业单位人事综合管理部门受理。

三十六、受理复核或申诉后的办理时限及对原处分有何影响？

原处分决定单位应当自接到复核申请后的 30 日内作出复核决定。受理申诉的单位应当自受理之日起 60 日内作出处理决定；案情复杂的，可以适当延长，但是延长期限最多不超过 30 日。

复核、申诉期间不停止处分的执行。

事业单位工作人员不因提出复核、申诉而被加重处分。

三十七、应当撤销处分决定的情形有哪些？

有下列情形之一的，受理处分复核、申诉的单位应当撤销处分决定，重新作出决定或者责令原处分决定单位重新作出决定：

（1）处分所依据的事实不清、证据不足的；
（2）违反规定程序，影响案件公正处理的；
（3）超越职权或者滥用职权作出处分决定的。

三十八、应当变更处分决定的情形有哪些？

有下列情形之一的，受理复核、申诉的单位应当变更处分决定或者责令原处分决定单位变更处分决定：

（1）适用法律、法规、规章错误的；
（2）对违规违纪违法行为的情节认定有误的；
（3）处分不当的。

三十九、撤销或变更处分决定后人事管理和待遇如何调整？

事业单位工作人员的处分决定被变更，需要调整该工作人员的岗位、职员等级或者工资待遇的，应当按照规定予以调整；事业单位工作人员的处分决定被撤销的，需要恢复该工作人员的岗位、职员等级、工资待遇的，按照原岗位、职员等级安排相应的岗位、职员等级，恢复相应的工资待遇，并在原处分决定公布范围内为其恢复名誉。

被撤销处分或者被减轻处分的事业单位工作人员工资待遇受到损失的，应当予以补偿。没收、追缴财物错误的，应当依规依纪依法予以返还、赔偿。

四十、处分工作中有违规违法行为的如何处理？

事业单位工作人员在处分工作中有滥用职权、玩忽职守、徇私舞弊、收受贿赂等违规违纪违法行为的，按照有关规定给予处分；涉嫌犯罪的，依法追究刑事责任。

四十一、党员有违纪违法行为的如何处理？

事业单位工作人员中的党员违反党章和其他党内法规，违反国家法律法规，违反党和国家政策，违反社会主义道德，危害党、国家和人民利益的行为的，应当按《中国共产党纪律处分条例》的规定给予党纪处分。

四十二、党员受到处分的应如何给予党纪处分？

事业单位工作人员中的党员依法受到政务处分、任免机关（单位）给予的处分、行政处罚，应当追究党纪责任的，党组织可以根据生效的处分、行政处罚决定认定的事实、性质和情节，经核实后依照规定给予相应党纪处分或者组织处理。其中，党员依法受到撤职以上处分的，应当依照《中国共产党纪律处分条例》规定给予撤销党内职务以上处分。

四十三、党员有涉嫌违法犯罪行为的应如何处理？

党组织在纪律审查中发现党员严重违纪涉嫌违法犯罪的，原则上先作出党纪处分决定，并按照规定由监察机关给予政务处分或者由任免机关（单位）给予处分后，再移送有关国家机关依法处理。

事业单位工作人员中的党员依法受到刑事责任追究的,党组织应当根据司法机关的生效判决、裁定、决定及其认定的事实、性质和情节,依照《中国共产党纪律处分条例》规定给予党纪处分,是公职人员的由监察机关给予相应政务处分或者由任免机关(单位)给予相应处分。

第九章
事业单位工作人员工资福利与社会保险

第一节 工资福利

一、事业单位工资管理的基本思路是什么？

我国事业单位工作人员工资管理的基本思路包括以下方面。

（1）国家建立激励与约束相结合的事业单位工资制度。

（2）事业单位工资分配应当结合不同行业事业单位特点，体现岗位职责、工作业绩、实际贡献等因素。

（3）国家建立事业单位工作人员工资的正常增长机制。事业单位工作人员的工资水平应当与国民经济发展相协调、与社会进步相适应。

二、事业单位工作人员的工资由哪些部分构成？

事业单位工作人员工资包括基本工资、绩效工资和津贴补贴。其中，基本工资包括岗位工资和薪级工资。

（1）岗位工资。主要体现工作人员所聘岗位的职责和要求。事业单位岗位分为专业技术岗位、管理岗位和工勤技能岗位。专业技术岗位设置十三个等级，管理岗位设置十个等级，工勤技能岗位分为技术工岗位和普通工岗位，技术工岗位设置五个等级，普通工岗位不分等级。不同等级的岗位对应不同的工资标准。工作人员按所聘岗位执行相应的岗位工资标准。

（2）薪级工资。主要体现工作人员的工作表现和资历。专业技术人员和管理人员设置六十五个薪级，工勤技能人员设置四十个薪级，每个薪级对应一个工资标准。不同岗位规定不同的起点薪级。工作人员根据工作表现、资历和所聘岗位等因素确定薪级，执行相应的薪级工资标准。

三、专业技术人员岗位工资如何确定？

专业技术人员按本人现聘用的专业技术岗位，执行相应的岗位工资标准。一岗一级，岗变薪变。具体办法是：

（1）聘用在正高级专业技术岗位的人员，执行一至四级岗位工资标准，其中执行一级岗位工资人员，需要经中央事业单位人事综合管理部门批准；

（2）聘用在副高级专业技术岗位的人员，执行五至七级岗位工资标准；

（3）聘用在中级专业技术岗位的人员，执行八至十级岗位工资标准；

（4）聘用在助理级专业技术岗位的人员，执行十一至十二级岗位工资标准；

（5）聘用在员级专业技术岗位的人员，执行十三级工资标准。

四、管理人员的岗位工资如何确定？

管理人员按本人现聘用的岗位（任命的职务）执行相应的岗位工资标准。一岗一级，岗变薪变。具体办法是：

（1）聘（任）一级管理岗位的人员，执行一级职员岗位工资标准；

（2）聘（任）二级管理岗位的人员，执行二级职员岗位工资标准；

（3）聘（任）三级管理岗位的人员，执行三级职员岗位工资标准；

（4）聘（任）四级管理岗位的人员，执行四级职员岗位工资标准；

（5）聘（任）五级管理岗位的人员，执行五级职员岗位工资标准；

（6）聘（任）六级管理岗位的人员，执行六级职员岗位工资标准；

（7）聘（任）七级管理岗位的人员，执行七级职员岗位工资标准；

（8）聘（任）八级管理岗位的人员，执行八级职员岗位工资标准；

（9）聘（任）九级管理岗位的人员，执行九级职员岗位工资标准；

（10）聘（任）十级管理岗位的人员，执行十级职员岗位工资标准。

五、工勤人员的岗位工资如何确定？

工勤人员按本人现聘用的岗位（技术等级或职务）执行相应的岗位工资标准。一岗一级，岗变薪变。具体办法是：

（1）聘用在高级技师岗位的人员，执行一级岗位工资标准；

（2）聘用在技师岗位的人员，执行技术工二级岗位工资标准；

（3）聘用在高级工岗位的人员，执行技术工三级岗位工资标准；

（4）聘用在中级工岗位的人员，执行技术工四级岗位工资标准；

（5）聘用在初级工岗位的人员，执行技术工五级岗位工资标准；

（6）聘用在普通工岗位的人员，执行普通工岗位工资标准。

六、薪级工资如何确定？

工作人员按照本人套改年限、任职年限和所聘岗位，结合工作表现，套改相应的薪级工资。套改年限是指工作年限与不计算工龄的在校学习时间合并计算的年限，任职年限是指从聘用到现岗位当年起计算的年限。

工作人员按现聘岗位套改的薪级工资，如低于按本人低一级岗位套改的薪级工资，可按低一级岗位进行套改，并将现聘岗位的任职年限与低一级岗位的任职年限合并计算。

工作人员按套改办法确定的薪级工资，低于相同学历新参加工作人员转正定级薪级工资的，执行相同学历新参加工作人员转正定级薪级工资标准。

薪级工资根据工作表现，定期增加薪级工资，年度考核合格及以上档次的，次年增加一级薪级工资。年度考核基本合格和不合格档次的，下一年不得增加薪级工资。

七、工资套改年限和任职年限如何计算？

套改年限，是指工作年限与不计算工龄的在校学习时间合并计算的年限，其中须扣除1993年以来除见习期外年度考核不计考核等次或不合格的年限。不计算工龄的在校学习时间，是指在国家承认学历的全日制大专以上院校未计算为工龄的学习时间。在校学习的时间以国家规定的学制为依据，如短于国家学制规定，按实际学习年限计算；如长于国家学制规定，按国家规定学制计算。

任职年限，是指从聘用到现岗位当年起计算的年限。

套改年限和任职年限的计算截至 2006 年 6 月 30 日。

八、什么是绩效工资？

绩效工资主要体现工作人员的实绩和贡献，是事业单位工作人员工资组成中，除了基本工资之外的重要组成部分，在工作人员收入中占有较大的比重。国家对事业单位绩效工资分配进行总量调控和政策指导。事业单位在核定的绩效工资总量内，按照规范的程序和要求，自主分配。

九、基础性绩效工资与奖励性绩效工资含义分别是什么？

一般来讲，事业单位绩效工资分为基础性绩效工资和奖励性绩效工资两部分。

基础性绩效工资主要体现地区经济发展水平、物价水平、岗位职责等因素，在绩效工资中所占比重原则上可相对大一些，一般按月发放。不同类型事业单位基础性绩效工资所占比重，可根据实际情况有所区别。

奖励性绩效工资主要体现工作量和实际贡献等因素，根据绩效考核结果发放，采取灵活多样的分配方式和办法。

十、艰苦边远地区津贴具体指什么？

艰苦边远地区津贴主要是根据自然地理环境、社会发展等方面的差异，对在艰苦边远地区工作生活的工作人员给予适当补偿。艰苦边远地区的事业单位工作人员，执行国家统一规定的艰苦边远地区津贴制度。执行艰苦边远地区津贴所需经费，属于财政支付的，由中央财政负担。

十一、特殊岗位津贴补贴具体指什么？

特殊岗位津贴补贴主要体现对事业单位苦、脏、累、险及其他特殊岗位工作人员的政策倾斜。国家对特殊岗位津贴补贴实行统一管理。

国家统一制定特殊岗位津贴补贴政策和规范管理办法，规定特殊岗位津贴补贴的项目、标准和实施范围，明确调整和新建特殊岗位津贴补贴的条件，建立动态管理机制。

国家加强对特殊岗位津贴补贴执行情况的管理和监督，除国务院以及人力资源社会保障部、财政部外，任何地区、部门和单位不得自行建立特殊岗位津贴补贴项目、扩大实施范围和提高标准。

十二、如何进行工资调整？

事业单位工作人员工资有以下几种调整方式。

（1）基本工资调整。基本工资调整包括岗位工资调整和薪级工资调整。

1）岗位工资调整。当岗位发生变动时，进行工资调整。工作人员岗位变动后，从变动的下月起执行新聘岗位的工资标准。岗位工资按新聘岗位确定，薪级工资按以下办法确定：

①由较低等级的岗位聘用到较高等级的岗位，原薪级工资低于新聘岗位起点薪级工资的，执行新聘岗位起点薪级工资，第二年不再正常增加薪级工资；原薪级工资达到新聘岗位起点薪级工资的，薪级工资不变。

②由较高等级的岗位调整到较低等级的岗位，薪级工资不变。

③在专业技术岗位、管理岗位、技术工岗位和普通工岗位之间变动的，薪级工资按新聘岗位比照同等条件人员重新确定。

2）薪级工资调整。年度考核结果为合格及以上等次的工作人员，每年增加一级薪级工资，并从第二年的1月起执行。

（2）调整津贴补贴标准。国家根据经济发展和财力增长及调控地区工资收入差距的需要，适时调整艰苦边远地区津贴标准；根据财政状况和对特殊岗位的倾斜政策，适时调整特殊岗位津贴补贴标准。

（3）调整基本工资标准。国家根据经济发展、财政状况、企业相当人员工资水平和物价变动等因素，适时调整事业单位工作人员的基本工资标准。基本工资标准的调整由国家统一部署，具体方案由中央事业单位人事综合管理部门、财政部拟定，报国务院批准后实施。

十三、如何进行绩效工资的分类分级管理？

（1）对从事公益服务的事业单位，按照事业单位分类改革所确定的不同类型，实行不同的绩效工资管理办法。具体办法由中央事业单位人事综合管理部门、财政部另行制定。

（2）事业单位绩效工资总量应结合单位公益目标任务完成情况和绩效考核结果

核定。对公益目标任务完成好、考核优秀的事业单位，适当增加绩效工资总量；对公益目标任务完成不好，考核较差的事业单位，相应核减绩效工资总量。

（3）对知识技术密集、高层次人才集中的事业单位，核定绩效工资总量时可给予适当倾斜。

十四、病假、受处分等特殊情形下工资待遇如何发放？

（1）事业单位工作人员病假期间，按国家有关政策执行相应的工资福利待遇，符合病退、退职条件的，应及时办理相关手续，执行相应的待遇。

（2）受党纪政纪处分的，须按规定取消、停发或降低工资待遇。

（3）审判、检察、公安、国家安全机关采取强制措施和受行政刑事处罚，所在单位在收到告知书后，要按规定对其工资待遇进行处理，并按照干部管理权限报告有关单位和部门。

（4）事业单位工作人员按规定办理退休手续后，须在退休次月执行相应的退休待遇。

十五、年休假是怎样规定的？

事业单位工作人员享受国家规定的带薪年休假。根据《职工带薪年休假条例》的规定：

（1）事业单位的职工连续工作1年以上的，享受带薪年休假（简称年休假）。单位应当保证职工享受年休假。职工在年休假期间享受与正常工作期间相同的工资收入。

（2）职工累计工作已满1年不满10年的，年休假5天；已满10年不满20年的，年休假10天；已满20年的，年休假15天。

（3）国家法定休假日、休息日不计入年休假的假期。

（4）单位根据生产、工作的具体情况，并考虑职工本人意愿，统筹安排职工年休假。

年休假在1个年度内可以集中安排，也可以分段安排，一般不跨年度安排。单位因生产、工作特点确有必要跨年度安排职工年休假的，可以跨1个年度安排。

单位确因工作需要不能安排职工休年休假的，经职工本人同意，可以不安排职工休年休假。对职工应休未休的年休假天数，单位应当按照该职工日工资收入的300%支付年休假工资报酬。

十六、不享受当年年休假的情形有哪些?

职工有下列情形之一的,不享受当年的年休假:

(1)职工依法享受寒暑假,其休假天数多于年休假天数的;

(2)职工请事假累计20天以上且单位按照规定不扣工资的;

(3)累计工作满1年不满10年的职工,请病假累计2个月以上的;

(4)累计工作满10年不满20年的职工,请病假累计3个月以上的;

(5)累计工作满20年以上的职工,请病假累计4个月以上的。

十七、探亲假是怎样规定的?

根据《国务院关于职工探亲待遇的规定》,在事业单位工作满1年的职工,与配偶不住在一起,又不能在公休假日团聚的,可以享受探望配偶的待遇;与父亲、母亲都不住在一起,又不能在公休假日团聚的,可以享受探望父母待遇。但是,职工与父亲或与母亲一方能够在公休假日团聚的,不能享受探望父母的待遇。此外,学徒、见习生、实习生在学习、见习、实习期间不能享受探亲待遇。凡实行休假制度的职工(例如学校的教职工)应该在休假期间探亲;如果休假期较短,可由本单位适当安排,补足其探亲假的天数。

职工探亲假期具体为:

(1)职工探望配偶的,每年给予一方探亲假一次,假期为30天。

(2)未婚职工探望父母,原则上每年给假一次,假期为20天。如果因为工作需要,本单位当年不能给予假期,或者职工自愿两年探亲一次,可以两年给假一次,假期为45天。

(3)已婚职工探望父母的,每4年给假一次,假期为20天。探亲假期包括公休假日和法定节日在内。

十八、公立医院如何确定薪酬和落实分配自主权?

国家应完善公立医院薪酬水平决定机制。人力资源社会保障、财政部门会同公立医院主管部门,综合考虑当地经济发展、医疗行业特点和医院财务状况、功能定位、工作量、服务质量、公益目标完成情况、成本控制、绩效考核结果等因素,根据"两个允许"要求,科学合理确定并动态调整公立医院的薪酬水平。对高层次医疗人才聚集、公益目标任务繁重，承担科研、教学任务以及需要重点发展的公立医院或绩效考核评价结果优秀的公立医院，以及中医药特色优势突出的中医医院，予以适当倾斜。各地可根据当年医疗服务收入扣除成本并按规定提取各项基金后，按照不同层级不同性质医院，根据"两个允许"要求合理增加薪酬总量，不计入总量核定基数。

在核定的薪酬总量内，公立医院可采取多种方式自主分配。既可继续完善岗位绩效工资制度，也可结合本单位实际，自主确定其他更加有效的分配模式。可探索实行年薪制、协议工资制、项目工资等灵活多样的分配形式。可根据不同岗位职责要求，自主设立体现医疗行业特点、劳动特点和岗位价值的薪酬项目，充分发挥各项目的保障和激励作用。逐步建立主要体现岗位职责的薪酬体系，实行以岗定责、以岗定薪、责薪相适、考核兑现。合理确定内部薪酬结构，注重医务人员的稳定收入和有效激励，进一步发挥薪酬制度的保障功能，充分体现公立医院的公益属性。

公立医院主要负责人薪酬水平应与其他负责人、本单位职工薪酬水平保持合理关系，可采取设定系数等方式合理确定其他负责人薪酬水平。

十九、科研人员职务科技成果转化现金奖励是否纳入绩效工资？

事业单位科研人员职务科技成果转化后，科技成果完成单位按规定对完成、转化该项科技成果做出重要贡献人员给予的现金奖励，计入所在单位绩效工资总量，但不作为人力资源社会保障、财政部门核定单位下一年度绩效工资总量的基数，不作为社会保险缴费基数。

科技成果完成单位根据国家规定和本单位实际，在充分听取科研人员意见基础上，建立健全职务科技成果转化管理规定、公示办法，明确现金奖励享受政策人员范围、具体分配办法和相关流程，相关规定应在本单位公开。

第二节 社会保险

一、国家建立的社会保险制度有哪些？

为了规范社会保险关系，维护公民参加社会保险和享受社会保险待遇的合法权益，使公民共享发展成果，促进社会和谐稳定，国家建立基本养老保险、基本医疗保险、工伤保险、失业保险、生育保险等社会保险制度，保障公民在年老、疾病、工伤、失业、生育等情况下依法从国家和社会获得物质帮助的权利。

二、事业单位工作人员何种情形可以享受社会保险待遇？

事业单位工作人员有下列情形之一的，可享受社会保险待遇：
（1）退休；
（2）患病、负伤；
（3）因工伤残或者患职业病；
（4）失业；
（5）生育。

工作人员死亡的，其遗属依法享受遗属津贴。
工作人员享受社会保险待遇的条件和标准由法律、法规规定。
工作人员享受的社会保险金必须按时足额支付。

三、关于社保经办机构属地管理与工作职责的规定有什么？

各地根据机关事业单位工作人员养老保险制度改革的实际需要，加强社会保险经办机构（简称社保经办机构）能力建设，适当充实工作人员，提供必要的经费和服务设施。

人力资源社会保障部负责在京中央国家机关及所属事业单位基本养老保险的管理工作，同时集中受托管理其职业年金基金。中央国家机关所属京外单位的基本养老保险实行属地化管理。

社会保险经办机构应做好机关事业单位养老保险参保登记、缴费申报、关系转移、待遇核定和支付等工作。

四、事业单位养老保险制度改革的目标是什么？

根据《中华人民共和国社会保险法》和《国务院关于机关事业单位工作人员养老保险制度改革的决定》，改革机关事业单位工作人员养老保险制度的目标是坚持全覆盖、保基本、多层次、可持续方针，以增强公平性、适应流动性、保证可持续性为重点，改革现行机关事业单位工作人员退休保障制度，逐步建立独立于机关事业单位之外、资金来源多渠道、保障方式多层次、管理服务社会化的养老保险体系。

五、事业单位养老保险制度改革的基本原则是什么？

《国务院关于机关事业单位工作人员养老保险制度改革的决定》确定了事业单位工作人员养老保险制度改革应遵循的基本原则。

（1）公平与效率相结合。既要体现国民收入再分配更加注重公平的要求，又要体现工作人员之间贡献大小差别，建立待遇与缴费挂钩机制，多缴多得、长缴多得，提高单位和职工参保缴费的积极性。

（2）权利与义务相对应。机关事业单位工作人员要按照国家规定切实履行缴费义务，享受相应的养老保险待遇，形成责任共担、统筹互济的养老保险筹资和分配机制。

（3）保障水平与经济发展水平相适应。立足社会主义初级阶段基本国情，合理确定基本养老保险筹资和待遇水平，切实保障退休人员基本生活，促进基本养老保险制度可持续发展。

（4）改革前与改革后待遇水平相衔接。立足增量改革，实现平稳过渡。对改革前已退休人员，保持现有待遇并参加今后的待遇调整；对改革后参加工作的人员，通过建立新机制，实现待遇的合理衔接；对改革前参加工作、改革后退休的人员，通过实行过渡性措施，保持待遇水平不降低。

（5）解决突出矛盾与保证可持续发展相促进。统筹规划、合理安排、量力而行，准确把握改革的节奏和力度，先行解决目前城镇职工基本养老保险制度不统一的突出矛盾，再结合养老保险顶层设计，坚持精算平衡，逐步完善相关制度和政策。

六、事业单位养老保险制度适用对象包括哪些？

《国务院关于机关事业单位工作人员养老保险制度改革的决定》适用于按照公务员法管理的单位、参照公务员法管理的机关（单位）、事业单位及其编制内的工作人员。

七、养老保险的缴费比例有何规定？

事业单位工作人员养老保险实行社会统筹与个人账户相结合的基本养老保险制度。

基本养老保险费由单位和个人共同负担。单位缴纳基本养老保险费（简称单位缴费）的比例为本单位工资总额的20%，个人缴纳基本养老保险费（简称个人缴费）的比例为本人缴费工资的8%，由单位代扣。按本人缴费工资8%的数额建立基本养老保险个人账户，全部由个人缴费形成。

个人工资超过当地上年度在岗职工平均工资300%以上的部分，不计入个人缴费工资基数；低于当地上年度在岗职工平均工资60%的，按当地在岗职工平均工资的60%计算个人缴费工资基数。

八、个人账户的支取条件与计息方式是什么？

个人账户储存额只用于工作人员养老，不得提前支取，每年按照国家统一公布的记账利率计算利息，免征利息税。参保人员死亡的，个人账户余额可以依法继承。

九、基本养老金计发的办法有哪些？

《国务院关于机关事业单位工作人员养老保险制度改革的决定》规定了以下基本养老金计发办法。

（1）该决定实施后参加工作、个人缴费年限累计满规定年限的人员，退休后按月发给基本养老金。基本养老金由基础养老金和个人账户养老金组成。退休时的基础养老金月标准以当地上年度在岗职工月平均工资和本人指数化月平均缴费工资的平均值为基数，缴费每满1年发给1%。个人账户养老金月标准为个人账户储存额除以计发月数，计发月数根据本人退休时城镇人口平均预期寿命、本人退休年龄、利息等因素确定。

（2）该决定实施前参加工作、实施后退休且缴费年限（含视同缴费年限，下同）累计满规定年限的人员，按照合理衔接、平稳过渡的原则，在发给基础养老金和个人账户养老金的基础上，再依据视同缴费年限长短发给过渡性养老金。具体办法由人力资源社会保障部会同有关部门制定并指导实施。

（3）该决定实施后达到退休年龄但个人缴费年限累计不满规定年限的人员，其基本养老保险关系处理和基本养老金计发比照《实施〈中华人民共和国社会保险法〉若干规定》执行。

（4）该决定实施前已经退休的人员，继续按照国家规定的原待遇标准发放基本养老金，同时执行基本养老金调整办法。机关事业单位离休人员仍按照国家统一规定发给离休费，并调整相关待遇。

十、退休年龄及相关基本养老保险有何新规定？

2024年9月13日第十四届全国人民代表大会常务委员会第十一次会议通过的《关于实施渐进式延迟法定退休年龄的决定》对事业单位工作人员退休年龄及相关基本养老保险作出以下规定：

（1）从2025年1月1日起，男职工和原法定退休年龄为55周岁的女职工，法定退休年龄每4个月延迟1个月，分别逐步延迟至63周岁和58周岁；原法定退休年龄为50周岁的女职工，法定退休年龄每2个月延迟1个月，逐步延迟至55周岁。国家另有规定的，从其规定。

（2）从2030年1月1日起，将职工按月领取基本养老金最低缴费年限由15年逐步提高至20年，每年提高6个月。职工达到法定退休年龄但不满最低缴费年限的，可以按照规定通过延长缴费或者一次性缴费的办法达到最低缴费年限，按月领取基本养老金。

（3）职工达到最低缴费年限，可以自愿选择弹性提前退休，提前时间最长不超过3年，且退休年龄不得低于女职工50周岁、55周岁及男职工60周岁的原法定退休年龄。职工达到法定退休年龄，所在单位与职工协商一致的，可以弹性延迟退休，延迟时间最长不超过3年。国家另有规定的，从其规定。实施中不得违背职工意愿，违法强制或者变相强制职工选择退休年龄。

（4）国家规范完善特殊工种等提前退休政策。从事井下、高空、高温、特别繁重体力劳动等国家规定的特殊工种，以及在高海拔地区工作的职工，符合条件的可以申请提前退休。

十一、养老保险关系如何在不同单位和地域间转移接续？

（1）参保人员在同一统筹范围内的机关事业单位之间流动，只转移养老保险关系，不转移基金。

（2）参保人员跨统筹范围流动或在机关事业单位与企业之间流动，在转移养老保险关系的同时，基本养老保险个人账户储存额随同转移，并以本人改革后各年度实际缴费工资为基数，按12%的总和转移基金，参保缴费不足1年的，按实际缴费月数计算转移基金。转移后基本养老保险缴费年限（含视同缴费年限）、个人账户储存额累计计算。

十二、在京中央国家机关事业单位养老保险制度的适用范围如何界定？

《在京中央国家机关事业单位工作人员养老保险制度改革实施办法》规定，该办法适用于按照（参照）公务员法管理的在京中央国家机关（单位）、事业单位及其编制内的工作人员。具体是指法人注册地在北京，且执行在京中央国家机关规范津贴补贴和在京中央事业单位绩效工资政策的中央国家机关和事业单位编制内工作人员。

该办法中的事业单位，是指根据《中共中央 国务院关于分类推进事业单位改革的指导意见》有关规定进行分类改革后的公益一类、二类事业单位。

十三、医疗保险的缴费与费用支付方式有何规定？

我国现行的基本医疗保险制度分为职工基本医疗保险制度、城乡居民基本医疗保险制度。此外，一些党政机关、事业单位等依然在实施公费医疗制度。

已实施医疗保险制度的地区，事业单位工作人员按照《国务院关于建立城镇职工基本医疗保险制度的决定》等有关规定，参加职工基本医疗保险。医疗保险费用由事业单位和工作人员个人分别按月工资总额的一定比例缴纳，具体缴费比例按照国家相关规定执行，由事业单位从职工工资中代扣代缴。

参加职工基本医疗保险的个人，达到法定退休年龄时累计缴费达到国家规定年限的，退休后不再缴纳基本医疗保险费，按照国家规定享受基本医疗保险待遇；未达到国家规定年限的，可以缴费至国家规定年限。

符合基本医疗保险药品目录、诊疗项目、医疗服务设施标准以及急诊、抢救的医疗费用，按照国家规定从基本医疗保险基金中支付。参保人员医疗费用中应当由基本医疗保险基金支付的部分，由社会保险经办机构与医疗机构、药品经营单位直接结算。

十四、哪些医疗费用不属于基本医疗保险基金的支付范围？

（1）应当从工伤保险基金中支付的；
（2）应当由第三人负担的；
（3）应当由公共卫生负担的；
（4）在境外就医的。

医疗费用依法应当由第三人负担，第三人不支付或者无法确定第三人的，由基本医疗保险基金先行支付。基本医疗保险基金先行支付后，有权向第三人追偿。

十五、生育保险的缴费与待遇支付有何规定？

按照《国务院办公厅关于全面推进生育保险和职工基本医疗保险合并实施的意见》，生育保险和职工基本医疗保险合并实施，实现参保同步登记、基金合并运行、征缴管理一致、监督管理统一、经办服务一体化。

按照用人单位参加生育保险和职工基本医疗保险的缴费比例之和确定用人单位职工基本医疗保险费率，个人不缴纳生育保险费。同时，确保职工生育期间的生育保险待遇不变，主要包括《中华人民共和国社会保险法》规定的生育医疗费用和生育津贴，所需资金从职工基本医疗保险基金中支付。生育津贴支付期限按照《女职工劳动保护特别规定》等法律法规规定的产假期限执行。

十六、工伤保险的缴费方式以及基金使用有何规定？

用人单位应当按时缴纳工伤保险费。职工个人不缴纳工伤保险费。用人单位缴纳工伤保险费的数额为本单位职工工资总额乘以单位缴费费率之积。对难以按照工资总额缴纳工伤保险费的行业，其缴纳工伤保险费的具体方式，由国务院社会保险行政部门规定。

工伤保险基金存入社会保障基金财政专户，用于法律规定的工伤保险待遇、劳动能力鉴定、工伤预防的宣传培训以及法律、法规规定的用于工伤保险的其他费用的支付。

十七、因工伤发生的哪些费用从工伤保险基金支付？

（1）治疗工伤的医疗费用和康复费用；

（2）住院伙食补助费；

（3）到统筹地区以外就医的交通食宿费；

（4）安装配置伤残辅助器具所需费用；

（5）生活不能自理的，经劳动能力鉴定委员会确认的生活护理费；

（6）一次性伤残补助金和一至四级伤残职工按月领取的伤残津贴；

（7）终止或者解除劳动合同时，应当享受的一次性医疗补助金；

（8）因工死亡的，其遗属领取的丧葬补助金、供养亲属抚恤金和因工死亡补助金；

（9）劳动能力鉴定费。

十八、因工伤发生的哪些费用应该由用人单位支付？

（1）治疗工伤期间的工资福利；

（2）五级、六级伤残职工按月领取的伤残津贴；

（3）终止或者解除劳动合同时，应当享受的一次性伤残就业补助金。

十九、应当认定为工伤的情形有哪些？

（1）在工作时间和工作场所内，因工作原因受到事故伤害的；

（2）工作时间前后在工作场所内，从事与工作有关的预备性或者收尾性工作受到事故伤害的；

（3）在工作时间和工作场所内，因履行工作职责受到暴力等意外伤害的；

（4）患职业病的；

（5）因工外出期间，由于工作原因受到伤害或者发生事故下落不明的；

（6）在上下班途中，受到非本人主要责任的交通事故或者城市轨道交通、客运轮渡、火车事故伤害的；

（7）法律、行政法规规定应当认定为工伤的其他情形。

二十、应当视同工伤的情形有哪些？

（1）在工作时间和工作岗位，突发疾病死亡或者在48小时之内经抢救无效死亡的；

（2）在抢险救灾等维护国家利益、公共利益活动中受到伤害的；

（3）职工原在军队服役，因战、因公负伤致残，已取得革命伤残军人证，到用人单位后旧伤复发的。

职工有前款第一项、第二项情形的，按照《工伤保险条例》有关规定享受工伤保险待遇；职工有前款第三项情形的，按照《工伤保险条例》有关规定享受除一次性伤残补助金以外的工伤保险待遇。

二十一、应当进行劳动能力鉴定的情形有哪些？

劳动能力鉴定是指劳动功能障碍程度和生活自理障碍程度的等级鉴定。职工发生工伤，经治疗伤情相对稳定后存在残疾、影响劳动能力的，应当进行劳动能力鉴定。

二十二、劳动功能障碍与生活自理障碍分几级？

劳动功能障碍分为十个伤残等级，最重的为一级，最轻的为十级。生活自理障碍分为三个等级：生活完全不能自理、生活大部分不能自理和生活部分不能自理。

二十三、失业保险的缴费方式与待遇支付有何规定？

建立失业保险制度旨在为了保障失业人员的基本生活和促进就业，按照《失业保险条例》和地方制定的失业保险相关法规，事业单位工作人员应当参加失业保险。事业单位应当以参加失业保险的职工的缴费工资之和为基数，按照国家和省规定的费率缴纳失业保险费；职工以本人工资为基数，按照国家和省规定的费率缴纳失业保险费。

一般情况下，失业人员同时符合下列条件的，可以领取失业保险金，并按照规定享受其他失业保险待遇：一是失业前用人单位和本人已经缴纳失业保险费累计满1年，或者不满1年但本人有失业保险金领取期限的；二是非因本人意愿中断就业的；三是已经办理失业登记，并有求职要求的。

二十四、住房公积金缴存与管理有何规定？

住房公积金，是指国家机关、国有企业、城镇集体企业、外商投资企业、城镇私营企业及其他城镇企业、事业单位、民办非企业单位、社会团体及其在职职工缴存的长期住房储金。住房公积金作为中国的一项住房保障制度，旨在通过强制性储蓄的方式帮助职工解决住房问题。住房公积金一般用于职工购买、建造、翻建、大修自住住房。

根据《住房公积金管理条例》，事业单位应当为其在职职工缴存住房公积金，职工个人缴存的住房公积金和职工所在单位为职工缴存的住房公积金，属于职工个人所有。

单位和职工住房公积金的月缴存额分别为职工本人上一年度月平均工资乘以单位和职工各自的住房公积金缴存比例，职工个人缴存的住房公积金由所在单位每月从其工资中代扣代缴，住房公积金自存入职工住房公积金账户之日起按照国家规定的利率计息。新参加工作的职工从参加工作的第二个月开始缴存住房公积金，单位新调入的职工从调入单位发放工资之日起缴存住房公积金。

直辖市和省、自治区人民政府所在地的市以及其他设区的市（地、州、盟）应当按照精简、效能的原则，设立一个住房公积金管理中心，负责住房公积金的管理运作。县（市）不设立住房公积金管理中心。住房公积金管理中心应当建立职工住房公积金明细账，记载职工个人住房公积金的缴存、提取等情况。单位录用职工的，应当自录用之日起30日内到住房公积金管理中心办理缴存登记，并持住房公积金管理中心的审核文件，到受委托银行办理职工住房公积金账户的设立或者转移手续。

二十五、提取住房公积金的要求有哪些？

职工有下列情形之一的，可以提取职工住房公积金账户内的存储余额，同时所在单位应当予以核实，并出具提取证明。

（1）购买、建造、翻建、大修自住住房的；

（2）离休、退休的；

（3）完全丧失劳动能力，并与单位终止劳动关系的；

（4）出境定居的；

（5）偿还购房贷款本息的；

（6）房租超出家庭工资收入的规定比例的。

依照前款第二、第三、第四项规定，提取职工住房公积金的，应当同时注销职工住房公积金账户。

职工死亡或者被宣告死亡的，职工的继承人、受遗赠人可以提取职工住房公积金账户内的存储余额；无继承人也无受遗赠人的，职工住房公积金账户内的存储余额纳入住房公积金的增值收益。

二十六、申请住房公积金贷款有何要求？

住房公积金贷款只能用于缴存住房公积金的职工购买、建造、翻建、大修自住住房，以支持基本住房需求。严禁使用住房公积金贷款进行投机性购房。住房公积金管理中心应当自受理贷款申请之日起，在相关规定限定的日期内，作出准予贷款或者不准贷款的决定，并通知申请人；准予贷款的，由受委托银行办理贷款手续。

第三节　职　业　年　金

一、事业单位职业年金是指什么？

事业单位职业年金是指事业单位及其工作人员在依法参加事业单位工作人员基本养老保险的基础上，建立的补充养老保险制度。

二、事业单位职业年金制度适用范围有哪些？

事业单位职业年金制度适用于分类推进事业单位改革后从事公益服务的事业单位及其编制内工作人员。国家另有规定的，从其规定。

三、事业单位建立职业年金应符合哪些条件？

事业单位建立职业年金，应符合以下条件：

（1）依法参加事业单位基本养老保险并履行缴费义务；

（2）具有相应的经济负担能力；

（3）已建立民主协商机制。

建立职业年金，应当由事业单位与工会或职工代表通过民主协商确定，并制定职业年金方案。职业年金方案应当提交职工代表大会或职工大会讨论通过。享受经常性财政补助的事业单位职业年金方案，在提交职工代表大会或职工大会讨论前，须报经同级财政部门审核同意。

四、职业年金方案主要包括哪些内容？

（1）参加人员范围；

（2）资金筹集与分配方式；

（3）职业年金个人账户管理方式；

（4）权益归属方式；

（5）基金管理方式；

（6）计发办法和支付方式；

（7）支付职业年金待遇的条件；

（8）中止和恢复缴费的条件与程序；

（9）修改和终止职业年金方案的条件与程序；

（10）组织管理和监督方式；

（11）双方约定的其他事项。

五、职业年金基金由哪几项组成？

职业年金基金实行完全积累，采用个人账户方式管理。职业年金基金主要由以下三项组成：一是单位缴费；二是个人缴费；三是职业年金基金投资运营收益。

（1）单位缴费应当按照职业年金方案规定比例计算的数额计入职业年金个人账户，当期计入的最高额一般不得超过本单位工作人员平均分配额的3倍。

（2）工作人员个人缴费额计入本人职业年金个人账户。

（3）职业年金基金投资运营收益，按净收益额计入职业年金个人账户。

六、职业年金的缴费主体和缴费比例如何规定？

职业年金所需费用由单位和工作人员个人共同负担。

（1）单位缴纳职业年金费用的比例最高不超过本单位上年度缴费工资基数的8%。职业年金单位缴费的列支渠道按照国家有关规定执行。

（2）个人缴费比例不超过上年度本人缴费工资基数的4%。

职业年金单位缴费工资基数为单位工作人员岗位工资和薪级工资之和，个人缴费工资基数为工作人员本人岗位工资和薪级工资之和。

七、什么条件下可以领取职业年金？

符合下列条件之一的，可以从个人账户中提取职业年金：

（1）工作人员在达到国家规定的退休条件并依法办理退休手续后，可以从本人职业年金个人账户中一次或分期领取职业年金；

（2）出境定居人员的职业年金个人账户资金，可根据本人要求一次性支付给本人；

（3）工作人员或退休人员死亡后，其职业年金个人账户余额由其指定的受益人或法定继承人一次性领取。

不符合上述条件之一的，不得从个人账户中提前提取资金。

八、职业年金个人账户资金可以随工作变动转移吗？

（1）工作人员变动工作单位时，职业年金个人账户资金可以随同转移。

（2）工作人员升学、参军、失业期间或新就业单位没有实行职业年金或企业年金制度的，其职业年金个人账户可由原管理机构继续管理运营。新就业单位已建立企业年金制度的，原职业年金个人账户余额转入企业年金个人账户。

九、职业年金如何补记？

（1）参保人员办理了正式调动或辞职、辞退手续离开机关事业单位的，根据改革前本人在机关事业单位工作的年限长短补记职业年金，以实账方式划转至本人职业年金个人账户，所需资金由其原所在单位按现行经费保障渠道解决。

（2）参保人员从企业再次流动到机关事业单位的，本人退休时，按照机关事业单位养老保险办法计发待遇，同时补记职业年金的本金及投资收益划转到待遇领取地机关事业单位基本养老保险统筹基金。若参保人员在退休前从机关事业单位又流动到企业的，不再重复补记职业年金，原补记的职业年金转移和管理运营按照《机关事业单位职业年金办法》文件规定执行。

十、职业年金受托人如何确定？

（1）建立职业年金的事业单位，应当确定职业年金受托人，受托管理职业年金基金。

（2）受托人原则上应是符合国家规定的法人受托机构。规模较大的事业单位也可以由单位成立职业年金理事会作为受托人。确定受托人应当签订书面合同。合同一方为事业单位，另一方为受托人。

（3）成立职业年金理事会作为受托人的单位，职业年金理事会可由单位和工会会员代表组成，也可以聘请单位以外的专业人员参加，其中本单位工会会员代表应不少于三分之一。

职业年金理事会除管理本单位的职业年金事务之外，不得从事其他任何形式的经营性活动。

十一、职业年金的账户管理人、投资管理人和托管人如何确定？

受托人应当委托具有资格的职业年金账户管理机构作为账户管理人，负责管理职业年金账户；应当委托具有资格的投资运营机构作为投资管理人，负责职业年金基金的投资运营；应当选择具有资格的商业银行作为托管人，负责托管职业年金基金。

受托人与账户管理人、投资管理人和托管人确定委托关系，应当签订书面合同。

职业年金基金必须与受托人、账户管理人、投资管理人和托管人的自有资产或其他资产分开管理，不得挪作其他用途。

十二、职业年金制度的执行由谁来监督管理？

县级以上人民政府人力资源社会保障行政部门、财政部门负责对《机关事业单位职业年金办法》的执行情况进行监督检查。对违反该办法规定的，由人力资源社会保障行政部门、财政部门予以警告，责令改正。

第十章
事业单位人事争议处理与回避

第一节 人事争议处理

一、事业单位工作人员人事争议是指什么?

广义的事业单位工作人员人事争议是指事业单位工作人员与所在单位因录用聘用、职务任免、福利待遇、工资调整、奖励处分、考核、辞职、辞退等人事管理事项所引发的争议和纠纷。

狭义的事业单位工作人员人事争议(如无特别说明,本章所称人事争议均为狭义人事争议)是指事业单位与其工作人员之间因辞职、辞退、终止人事关系及履行聘用合同所发生的争议。

二、人事争议处理的原则与途径是什么?

处理人事争议,应当注重调解,遵循合法、公正、及时的原则,以事实为依据,以法律为准绳。

事业单位工作人员与所在单位因终止人事关系以及履行聘用合同发生的争议适用协商、调解、仲裁和诉讼制度处理。

事业单位工作人员对涉及本人的考核结果、处分决定等不服的通过申诉程序解决。

三、人事争议处理适用的法律法规主要有哪些?

处理人事争议依据的实体法主要有《事业单位人事管理条例》《人事部关于在事

业单位试行人员聘用制度意见》《最高人民法院关于人民法院审理事业单位人事争议案件若干问题的规定》等。上述规范性文件没有特别规定的，一定情况下也可以适用《中华人民共和国劳动法》《中华人民共和国劳动合同法》等劳动法律的规定。

处理人事争议的程序法主要有《中华人民共和国劳动争议调解仲裁法》《劳动人事争议仲裁办案规则》等。

四、人事争议处理有哪些具体方式？

人事争议发生后，当事人可以采取以下方式处理。

（1）协商。当事人可以协商解决。

（2）调解。当事人不愿协商或者协商不成的，可以向劳动人事争议调解组织申请调解。

（3）仲裁。当事人不愿调解或调解不成的，可以向人事争议仲裁机构申请仲裁。当事人也可以不经过调解直接向人事争议仲裁机构申请仲裁。

（4）诉讼。当事人对仲裁裁决不服的，可以向人民法院提起诉讼。当事人因对仲裁裁决不服向人民法院提起诉讼的，人民法院应当依法受理。

五、人事争议仲裁机构如何设立？

人事争议仲裁机构是劳动人事争议仲裁委员会（简称仲裁委员会），在省（自治区、直辖市）、副省级市、地（市、州、盟）、县（市、区、旗）设立。仲裁委员会下设实体化的办事机构，称为劳动人事争议仲裁院。

仲裁委员会独立办案，相互之间无隶属关系。

六、仲裁委员会的职责有哪些？

仲裁委员会的职责包括以下三方面。

（1）负责处理管辖范围内的人事争议。

（2）决定仲裁员的聘任和解聘。

（3）法律、法规规定由仲裁委员会承担的其他职责。

七、仲裁庭如何组成和办案？

仲裁委员会处理人事争议案件实行仲裁庭制度，仲裁庭是仲裁委员会处理人事争议案件的基本形式。

仲裁庭一般由三名仲裁员组成。仲裁委员会指定一名仲裁员担任首席仲裁员，主持仲裁庭工作；另两名仲裁员可由双方当事人各选定一名，也可由仲裁委员会指定。

简单的人事争议案件，经双方当事人同意，仲裁委员会可以指定一名仲裁员独任处理。

仲裁委员会处理争议案件，应当遵循合法、公正的原则，先行调解，及时裁决。

八、人事争议仲裁的管辖范围如何确定？

（1）中央机关、直属机构、直属事业单位及其在京所属单位的人事争议由北京市负责处理人事争议的仲裁机构处理，也可由北京市根据情况授权所在地的区（县）负责处理人事争议的仲裁机构处理。

（2）中央机关在京外垂直管理机构以及中央机关、直属机构、直属事业单位在京外所属单位的人事争议，由所在地的省（自治区、直辖市）设立的仲裁委员会处理，也可由省（自治区、直辖市）根据情况授权所在地的仲裁委员会处理。

（3）省（自治区、直辖市）、副省级市、地（市、州、盟）、县（市、区、旗）仲裁委员会的管辖范围，由省（自治区、直辖市）确定。

（4）仲裁委员会发现已受理案件不属于其管辖范围的，应当移送至有管辖权的仲裁委员会，并书面通知当事人。

九、人事争议仲裁时效期间有多长？

人事争议仲裁时效期间是一年，从当事人知道或应当知道其权利受到侵害之日起计算。

当事人因不可抗力或者有其他正当理由不能在仲裁时效期间申请仲裁的，经仲裁委员会调查确认的，仲裁委员会应当受理。

在申请仲裁的时效期间内，有下列三种情形之一的，仲裁时效中断：

（1）一方当事人通过协商、申请调解等方式向对方当事人主张权利的；

（2）一方当事人通过向有关部门投诉，向仲裁委员会申请仲裁，向人民法院起诉或者申请支付令等方式请求权利救济的；

（3）对方当事人同意履行义务的。

从中断时起,仲裁时效期间重新计算。

因不可抗力,或者有无民事行为能力或者限制民事行为能力劳动者的法定代理人未确定等其他正当理由,当事人不能在规定的仲裁时效期间申请仲裁的,仲裁时效中止。从中止时效的原因消除之日起,仲裁时效期间继续计算。

十、人事争议仲裁申请书有哪些具体要求?

人事争议仲裁采用书面形式,人事争议仲裁的当事人应当以书面形式向有管辖权的仲裁委员会申请仲裁,提交仲裁申请书,并按被申请人人数递交副本。

仲裁申请书应当载明下列事项。

(1)申请人和被申请人姓名、性别、年龄、职业及职务、工作单位、住所和联系方式。申请人或被申请人是单位的,应写明单位的名称、住所、法定代表人或者主要负责人的姓名、职务和联系方式。

(2)仲裁请求和所依据的事实、理由。

(3)证据和证据来源、证人姓名和住所。

发生人事争议的一方在5人以上,并且有共同的仲裁请求和理由的,可以推举1~2名代表参加仲裁活动。代表人放弃、变更仲裁请求或者承认对方的仲裁请求,进行和解,必须经过被代表的当事人同意。

十一、人事争议仲裁的一般仲裁程序有哪些环节?

(1)申请仲裁。当事人向仲裁委员会申请仲裁,应当提交仲裁申请书,并按被申请人人数递交副本。

(2)受理仲裁。仲裁委员会在收到仲裁申请书之日起10个工作日内,认为不符合受理条件的,应当书面通知申请人不予受理,并说明理由;认为符合受理条件的,应当受理,将受理通知书送达申请人,将仲裁申请书副本送达被申请人。

(3)提交答辩书。被申请人应当在收到仲裁申请书副本之日起10个工作日内提交答辩书。被申请人没有按时提交或者不提交答辩书的,不影响仲裁的进行。

(4)通知开庭。仲裁委员会应当在开庭审理人事争议案件5个工作日前,将开庭时间、地点、仲裁庭组成人员等书面通知当事人。申请人经书面通知无正当理由不到庭,或者到庭后未经仲裁庭许可中途退庭的,视为撤回仲裁申请。被申请人经书面通知无正当理由不到庭,或者未经仲裁庭许可中途退庭的,可以缺席裁决。当事人有正当理由的，在开庭前可以申请延期开庭，是否延期由仲裁庭决定。

（5）庭上质证。当事人的举证材料应在仲裁庭上出示，并进行质证。只有经过质证认定的事实和证据，才能作为仲裁裁决的依据。

（6）庭上辩论。当事人在仲裁过程中有权进行辩论。辩论终结时，仲裁庭应当征询当事人的最后意见。

（7）仲裁结案。仲裁庭处理人事争议案件，一般应当在受理案件之日起90日内结案。需要延期的，经仲裁委员会批准，可以适当延期，但是延长的期限不得超过30日。

（8）作出裁决。仲裁庭应当在裁决作出后5个工作日内制作裁决书。裁决书由仲裁庭成员署名并加盖仲裁委员会印章。

十二、人事争议的当事人如何提出回避申请？

当事人申请回避，应当在案件开庭审理前提出，并说明理由。回避事由在案件开庭审理后知晓的，也可以在庭审辩论终结前提出。

当事人在庭审辩论终结后提出回避申请的，不影响仲裁程序的进行。

仲裁委员会应当在回避申请提出的3日内，以口头或者书面形式作出决定。以口头形式作出的，应当记入笔录。

十三、人事争议仲裁举证责任如何分配？

当事人应当对自己的主张提供证据。仲裁庭认为有关证据由用人单位提供更方便的，应要求用人单位提供。

用人单位作出解除人事关系和不同意工作人员要求辞职或终止聘任（用）合同引发的人事争议，由用人单位负责举证。

仲裁庭认为需要调查取证的，可以自行取证。

承担举证责任的当事人应当在仲裁委员会指定的期限内提供有关证据。当事人在该期限内提供证据确有困难的，可以向仲裁委员会申请延长期限，仲裁委员会根据当事人的申请适当延长。当事人逾期提供证据的，仲裁委员会应当责令其说明理由；拒不说明理由或者理由不成立的，仲裁委员会可以根据不同情形不予采纳该证据，或者采纳该证据但予以训诫。

十四、人事争议仲裁是否需要公开开庭审理？

仲裁应当公开开庭进行，涉及国家、军队秘密和个人隐私的除外。涉及商业秘密，当事人申请不公开开庭的，可以不公开开庭。当事人协议不开庭的，仲裁庭可以书面仲裁。

十五、人事争议仲裁的裁决如何作出？

人事争议仲裁裁决应当按照多数仲裁员的意见作出，少数仲裁员的不同意见应当记入笔录。

仲裁庭对重大、疑难以及仲裁庭不能形成多数处理意见案件的处理，应当提交仲裁委员会讨论决定；仲裁委员会作出的决定，仲裁庭必须执行。

仲裁庭应当在裁决作出后5个工作日内制作裁决书。裁决书由仲裁庭成员署名并加盖仲裁委员会印章。

十六、当事人不服人事争议仲裁裁决的如何处理？

人事争议当事人对仲裁裁决不服的，可以按照《中华人民共和国劳动争议调解仲裁法》《劳动人事争议仲裁办案规则》《中国人民解放军文职人员条例》以及最高人民法院相关司法解释的规定，自收到裁决书之日起15日内向人民法院提起诉讼；逾期不起诉的，裁决书即发生法律效力。

一裁终局的案件，劳动者不服时可以提起诉讼；但用人单位不能提起诉讼。裁决确有错误的，可以在30日内向中级人民法院申请撤销仲裁裁决。

十七、人事争议当事人可提起诉讼的情形有哪些？

（1）当事人对仲裁裁决不服的。当事人对依照国家有关规定设立的人事争议仲裁机构所作的人事争议仲裁裁决不服，自收到仲裁裁决之日起15日内向人民法院提起诉讼的，人民法院应当依法受理。

（2）仲裁委员会逾期未作出受理决定或决定不予受理的。仲裁委员会对人事争议仲裁申请逾期未作出受理决定或者决定不予受理的，仲裁申请人可以就该争议事项向人民法院提起诉讼。

十八、人事争议仲裁中当事人有违法情形的如何处理？

当事人及有关人员在人事争议仲裁过程中有下列行为之一的，仲裁委员会应当予以批评教育、责令改正；触犯法律的，提请司法机关依法追究法律责任。

（1）干扰仲裁活动，阻碍仲裁工作人员工作的。

（2）拒绝提供有关文件、资料和其他证明材料的。

（3）提供虚假情况的。

（4）对仲裁工作人员、仲裁参与人、证人进行打击报复的。

（5）其他应予以批评教育、责令改正或应依法追究法律责任的行为。

十九、人事争议仲裁的调解优先原则具体指什么？

处理人事争议案件，仲裁庭应当坚持调解优先，引导当事人通过协商、调解方式解决争议，给予必要的法律释明以及风险提示。仲裁庭处理人事争议自受理案件到作出裁决前，都要积极促使当事人双方自愿达成调解协议。

二十、人事争议调解协议与调解书的法律效力如何？

人事争议当事人经调解自愿达成书面协议的，仲裁庭应当根据调解协议的内容制作仲裁调解书。协议内容不得违反法律法规，不得侵犯社会公共利益和他人的合法权益。

调解书由仲裁庭成员署名，加盖仲裁委员会印章。调解书送达后，即发生法律效力。

对发生法律效力的调解书，当事人必须履行。一方当事人逾期不履行的，另一方当事人可以依照国家有关法律法规和最高人民法院相关司法解释的规定申请人民法院执行。

人事争议仲裁调解书在送达前当事人可以反悔；仲裁调解书送达前当事人反悔的，仲裁庭应当及时进行仲裁裁决。

第二节 回避制度

一、建立事业单位人事管理回避制度的目的和总体要求是什么？

建立事业单位人事管理回避制度的主要目的是确保担任有关职务的事业单位工作人员工作时客观、公正、合法，从而树立事业单位公正良好的形象。

负有事业单位聘用、考核、奖励、处分、人事争议处理等职责的人员履行职责，有下列情形之一的，应当回避：

（1）与本人有利害关系的；

（2）与本人近亲属有利害关系的；

（3）其他可能影响公正履行职责的。

二、岗位回避和履职回避的含义分别是什么？

岗位回避是指事业单位工作人员凡有夫妻关系、直系血亲关系、三代以内旁系血亲关系、近姻亲关系以及其他亲属关系的，不得在同一事业单位聘用至具有直接上下级领导关系的管理岗位，不得在其中一方担任领导人员的事业单位聘用至从事组织（人事）、纪检监察、审计、财务工作的岗位，也不得聘用至双方直接隶属于同一领导人员的从事组织（人事）、纪检监察、审计、财务工作的内设机构正职岗位。同一事业单位是指依法登记的同一事业单位法人。

履职回避是指事业单位工作人员履行特定职责时应当回避。根据相关规定，此类履职活动包括：岗位设置、公开招聘、聘用解聘（任免）、考核考察、奖励、处分、交流、人事争议处理、出国（境）审批、人事考试、职称评审、人才评价、招生考试、项目评审、成果评选、资金审批与监管以及其他应当回避的履职活动。

三、岗位回避所指的亲属关系包括哪几类？

岗位回避所指的亲属关系包括以下五类：

（1）夫妻关系；

（2）直系血亲关系，包括祖父母、外祖父母、父母、子女、孙子女、外孙子女；

（3）三代以内旁系血亲关系，包括叔伯姑舅姨、兄弟姐妹、堂兄弟姐妹、表兄弟姐妹、侄子女、甥子女；

（4）近姻亲关系，包括配偶的父母、配偶的兄弟姐妹及其配偶、子女的配偶及子女配偶的父母、三代以内旁系血亲的配偶；

（5）其他亲属关系，包括养父母子女、形成抚养关系的继父母子女及由此形成的直系血亲、三代以内旁系血亲和近姻亲关系。

四、岗位回避所指的直接上下级领导关系包括哪几类？

岗位回避所指的直接上下级领导关系包括以下五类：

（1）领导班子正职与副职；

（2）同一内设机构正职与副职；

（3）上级正职、副职与下级正职；

（4）单位无内设机构的，其正职、副职与其他管理人员以及从事审计、财务工作的专业技术人员；

（5）内设机构无下一级单位的，其正职、副职与其他管理人员以及从事审计、财务工作的专业技术人员。

五、岗位回避的程序如何进行？

事业单位工作人员岗位回避按照以下程序进行。

（1）本人提出回避申请，或者有关单位、人员提出回避要求。

（2）所在单位或者主管部门按照干部人事管理权限在1个月内作出回避决定。作出回避决定前，应当听取需要回避人员及相关人员的意见。

（3）回避决定作出后，及时通知申请人，需要回避的，应当自回避决定作出之日起1个月内调整至相应岗位，并变更或者重新订立聘用合同。

（4）岗位等级不同的一般由岗位等级较低的一方回避；岗位等级相同或者岗位类别不同的，根据工作需要和实际情况决定其中一方回避。

六、事业单位公开招聘人员的岗位回避要求有哪些？

（1）凡与聘用单位负责人员有夫妻关系、直系血亲关系、三代以内旁系血亲或者近姻亲关系的应聘人员，不得应聘该单位负责人员的秘书或者人事、财务、纪律检查岗位，以及有直接上下级领导关系的岗位。

（2）聘用单位负责人员和招聘工作人员在办理人员聘用事项时，涉及与本人有上述亲属关系或者其他可能影响招聘公正的，也应当回避。

（3）在公开发布的招聘信息中，要明确有关人员回避的要求。对违反回避规定的公开招聘行为，应当及时予以纠正，对相关人员予以批评教育，造成不良影响的，要对有关责任人进行严肃处理。

七、应当履职回避的情形有哪些？

事业单位工作人员履行特定职责时，有下列三种情形之一的，应当回避，不得参加相关调查、考察、讨论、评议、投票、评分、审核、决定等活动，也不得以任何方式施加影响：

（1）涉及本人利害关系的；

（2）涉及与本人有岗位回避规定中所列亲属关系人员的利害关系的；

（3）其他可能影响公正履行职责的。

八、履职回避的程序如何进行？

事业单位工作人员履职回避按照以下程序办理。

（1）本人或利害关系人提出回避申请，或者有关单位提出回避要求。

（2）本人所在单位或者主管部门按照干部人事管理权限作出回避决定。其中，成立聘用工作组织、考核工作组织、申诉公正委员会、学术委员会等专项工作组织的，工作组织负责人的回避由成立该工作组织的单位决定，工作组织其他工作人员的回避可授权工作组织负责人决定。作出回避决定前，应当听取需要回避的人员及相关人员的意见。

（3）根据回避决定需要回避的，应当自回避决定作出之日起退出相关工作。回避决定应当及时作出。回避决定作出前，本人可视情况确定是否先行退出相关履职活动。

九、处理事业单位工作人员违法违纪案件的回避要求有哪些？

处理调查事业单位工作人员违法违纪时应当回避的情形根据具体情况分别由《事业单位工作人员处分规定》《中华人民共和国公职人员政务处分法》规定。

参与公职人员违法案件调查、处理的人员有下列情形之一的，应当自行回避，被调查人、检举人及其他有关人员也有权要求其回避：

（1）是被调查人或者检举人的近亲属的；
（2）担任过本案的证人的；
（3）本人或者其近亲属与调查的案件有利害关系的；
（4）可能影响案件公正调查、处理的其他情形。

十、处理人事争议案件的回避要求有哪些？

（一）回避范围

仲裁员有下列情形之一的，应当回避，当事人有权以口头或书面方式提出回避申请：

（1）是本案当事人或者当事人、代理人的近亲属的；
（2）与本案有利害关系的；
（3）与本案当事人、代理人有其他关系，可能影响公正裁决的；
（4）私自会见当事人、代理人，或者接受当事人、代理人的请客送礼的。

上述规定也适用于书记员、鉴定人员、勘验人员和翻译人员。

（二）申请回避的时间

当事人申请回避，应当在案件开庭审理前提出，并说明理由。回避事由在案件开庭审理后知晓的，也可以在庭审辩论终结前提出。当事人在庭审辩论终结后提出回避申请的，不影响仲裁程序的进行。

（三）申请回避的程序

当事人申请回避，仲裁委员会应当在回避申请提出的3日内，以口头或者书面形式作出决定。以口头形式作出的，应当记入笔录。

仲裁员、记录人员是否回避，由仲裁委员会主任或者其委托的仲裁院负责人决定。仲裁委员会主任担任案件仲裁员的是否回避，由仲裁委员会决定。在回避决定作出前，被申请回避的人员应当暂停参与该案处理，但因案件需要采取紧急措施的除外。

十一、事业单位工作人员违反回避规定的应当如何处理？

（1）拒不服从回避决定的处理。事业单位工作人员必须服从回避决定，无正当理由拒不服从的，视情节轻重依法依规给予组织处理或处分。所在单位、主管部门负责督促回避决定落实到位。

（2）不及时报告应回避情形的处理。事业单位工作人员应当主动报告应回避的情形。有需要回避的情形不及时报告或者有意隐瞒的，予以批评教育；造成不良后果的，依法依规给予组织处理或处分。

十二、事业单位外请专家违反回避规定的如何处理？

事业单位外请专家及其他人员有需要回避的情形不及时报告或者有意隐瞒造成不良后果的，有关部门予以记录，在一定期限内不得邀请其参加相关活动；适用组织处理或处分的，可建议有关部门按照干部人事管理权限依法依规给予组织处理或处分。

十三、隐瞒应回避情形造成工作结果不公的如何处理？

事业单位工作人员隐瞒应当回避情形，造成工作结果不公正的，按照规定取消或者撤销获取的资质、资格、荣誉、奖金、学籍、岗位、项目、资金等。

附 录
事业单位人事管理政策法规参考目录

一、综合性法规

《事业单位人事管理条例》(国务院令第652号)

二、聘用制度与公开招聘

(1)《国务院办公厅转发人事部〈关于在事业单位试行人员聘用制度意见〉的通知》(国办发〔2002〕35号)

(2)《人事部关于印发〈事业单位试行人员聘用制度有关问题的解释〉的通知》(国人部发〔2003〕61号)

(3)《人事部办公厅关于印发〈事业单位聘用合同(范本)〉的通知》(国人厅发〔2005〕158号)

(4)《事业单位公开招聘人员暂行规定》(人事部令第6号)

(5)《中共中央组织部 人力资源社会保障部关于进一步做好艰苦边远地区县乡事业单位公开招聘工作的通知》(人社部规〔2016〕3号)

(6)《事业单位公开招聘违纪违规行为处理规定》(人力资源社会保障部令第35号)

(7)《人力资源社会保障部关于事业单位公开招聘岗位条件设置有关问题的通知》(人社部规〔2017〕17号)

(8)《人力资源社会保障部关于建立中央和国家机关所属事业单位公开招聘服务平台的通知》(人社部发〔2017〕76号)

(9)《人力资源社会保障部关于职业院校毕业生参加事业单位公开招聘有关问题

的通知》（人社部发〔2021〕82号）

（10）《中共中央组织部　人力资源社会保障部关于进一步做好事业单位公开招聘工作的通知》（人社部发〔2024〕57号）

三、岗位设置与管理

（1）《事业单位岗位设置管理试行办法》（国人部发〔2006〕70号）

（2）《人事部关于印发〈《事业单位岗位设置管理试行办法》实施意见〉的通知》（国人部发〔2006〕87号）

（3）《人力资源社会保障部　中共中央组织部　中央编办　财政部关于建立机关事业单位防治"吃空饷"问题长效机制的指导意见》（人社部规〔2016〕6号）

四、考核、培训、奖励

（1）《中共中央组织部　人力资源社会保障部关于印发〈事业单位工作人员考核规定〉的通知》（人社部发〔2023〕6号）

（2）《中共中央组织部　人力资源社会保障部关于印发〈事业单位工作人员培训规定〉的通知》（人社部规〔2019〕4号）

（3）《中共中央组织部　人力资源社会保障部关于印发〈事业单位工作人员奖励规定〉的通知》（人社部规〔2018〕4号）

五、处分、申诉、回避

（1）《中华人民共和国公职人员政务处分法》（2020年6月20日第十三届全国人民代表大会常务委员会第十九次会议通过）

（2）《中共中央组织部　人力资源社会保障部关于印发〈事业单位工作人员处分规定〉的通知》（人社部发〔2023〕58号）

（3）《人力资源社会保障部关于贯彻执行〈事业单位工作人员处分暂行规定〉若干问题的意见》（人社部规〔2017〕11号）

（4）《中共中央组织部　人力资源社会保障部关于印发〈事业单位工作人员申诉规定〉的通知》（人社部发〔2014〕45号）

（5）《中共中央组织部办公厅　人力资源社会保障部办公厅关于印发〈事业单位工作人员申诉案件办理规则〉的通知》（人社厅发〔2019〕17号）

（6）《中共中央组织部　人力资源社会保障部关于印发〈事业单位人事管理回避规定〉的通知》（人社部规〔2019〕1号）

六、人事争议处理

（1）《中共中央组织部　人力资源和社会保障部　总政治部关于修改〈人事争议处理规定〉的通知》（人社部发〔2011〕88号）

（2）《劳动人事争议仲裁办案规则》（人力资源社会保障部令第33号）

（3）《最高人民法院关于人民法院审理事业单位人事争议案件若干问题的规定》（法释〔2003〕13号）

（4）《最高人民法院关于事业单位人事争议案件适用法律等问题的答复》（法函〔2004〕30号）

七、创新创业

（1）《人力资源社会保障部关于支持和鼓励事业单位专业技术人员创新创业的指导意见》（人社部规〔2017〕4号）

（2）《人力资源社会保障部关于进一步支持和鼓励事业单位科研人员创新创业的指导意见》（人社部发〔2019〕137号）

八、职称评审与继续教育

（1）《中共中央办公厅　国务院办公厅印发〈关于深化职称制度改革的意见〉》（中办发〔2016〕77号）

（2）《职称评审管理暂行规定》（人力资源社会保障部令第40号）

（3）《人力资源社会保障部关于印发〈职称评审监管暂行办法〉的通知》（人社部发〔2024〕56号）

（4）《专业技术人员继续教育规定》（人力资源社会保障部令第25号）

九、工资收入与休假

（1）《关于印发〈事业单位工作人员收入分配制度改革实施办法〉的通知》（国人部发〔2006〕59号）

（2）《关于深化公立医院薪酬制度改革的指导意见》（人社部发〔2021〕52号）

（3）《人力资源社会保障部　财政部　科技部关于事业单位科研人员职务科技成果转化现金奖励纳入绩效工资管理有关问题的通知》（人社部发〔2021〕14号）

（4）《职工带薪年休假条例》（国务院令第514号）

（5）《国务院关于职工探亲待遇的规定》（国发〔1981〕36号）

（6）《机关事业单位工作人员带薪年休假实施办法》（人事部令第9号）

十、社会保险、职业年金与住房公积金

（1）《国务院关于机关事业单位工作人员养老保险制度改革的决定》（国发〔2015〕2号）

（2）《全国人民代表大会常务委员会关于实施渐进式延迟法定退休年龄的决定》（2024年9月13日第十四届全国人民代表大会常务委员会第十一次会议通过）

（3）《人力资源社会保障部关于印发〈机关事业单位工作人员基本养老保险经办规程〉的通知》（人社部发〔2015〕32号）

（4）《人力资源社会保障部　财政部关于印发〈在京中央国家机关事业单位工作人员养老保险制度改革实施办法〉的通知》（人社部发〔2015〕112号）

（5）《工伤保险条例》（国务院令第375号，2010年修订）

（6）《失业保险条例》（国务院令第258号）

（7）《国务院办公厅关于全面推进生育保险和职工基本医疗保险合并实施的意见》（国办发〔2019〕10号）

（8）《国务院办公厅关于印发〈机关事业单位职业年金办法〉的通知》（国办发〔2015〕18号）

（9）《人力资源社会保障部　财政部关于机关事业单位基本养老保险关系和职业年金转移接续有关问题的通知》（人社部规〔2017〕1号）

（10）《住房公积金管理条例》（国务院令第262号，2002年第一次修订，2019年第二次修订）

后　记

　　事业单位是为我国经济社会发展提供公益服务的主要载体，是推进国家治理体系和治理能力现代化建设的重要力量。事业单位及其人事关系具有鲜明的中国特色，其管理与关系协调，需要依法治理与依政策运行的有机统一，也需要市场配置与政府治理的有机结合。事业单位工作人员应当崇尚法治、尊重法律，善于运用法律手段解决问题和推进工作，还需要准确把握事业单位和人事管理的相关政策。

　　为满足事业单位人事管理工作和工作人员个人学习需要，更好掌握与本职工作和个人权益相关的法律知识和人事政策，人力资源和社会保障部事业单位人事服务中心组织编写了本书。我有幸作为主编负责本书的章节和体例设计、统稿和内容审定，我的两位同事郭辉、李海明作为副主编协助我做了大量工作。

　　本书各章节编写分工及作者简介如下（按章节顺序排序）：

　　车明珠（中国科学院行政管理局法务审计处处长　法学博士）负责编写第一章第一、第二节；

　　郭辉（中国劳动关系学院法学院副教授　法学博士）负责编写第一章第三节、第二章、第三章；

　　沈建峰（中央财经大学法学院教授　法学博士）负责编写第四章；

　　李海明（中央财经大学法学院副教授　法学博士）负责编写第五章、第七章第一和第二节、第九章；

　　刘亚男（中央司法警官学院讲师　法学博士）负责编写第六章、第七章第三节、第八章、第十章。

　　本书能够顺利出版，得益于各方专家和同事的辛苦付出。事业中心领导和培训规划服务处从图书选题、体例设计、专家邀请到具体内容修订等付出了大量的心血；

事业中心公开招聘和聘用管理服务处、岗位管理服务处、考核奖惩和监督服务处、继续教育和国际合作处、工资福利处为书稿修改提供了帮助；中国人事科学研究院享受政府特贴专家、二级研究员何凤秋对书稿进行了专业审读；中国人事科学研究院事业单位管理研究室主任、副研究员朱祝霞，北京市委党校一分校副校长、博士丁太顺，南通市人社局高永忠处长，北京兰台律师事务所程阳律师等专家对书稿提出了大量宝贵的修改意见。可以说，本书是集体智慧的结晶。在此我一并表示感谢。希望本书的出版能为提升事业单位工作人员的法治意识以及人事管理工作水平有所贡献。

不得不承认的是，事业单位人事管理的政策法规涉及面广，政策调整更新较快，本书编写的过程也是作者们一起梳理和学习相关政策法规的过程，书中难免存在一些不足，期待读者们能提出宝贵意见和建议，以便我们在下一步修订再版工作中对本书不断完善。

沈建峰

2025 年 1 月